金指久美子編

チェコ語
会話練習帳

JAPONSKO-ČESKÁ

KONVERZACE

東京 大学書林 発行

はじめに

　この会話練習帳はチェコ共和国を訪れる日本人旅行者のためのものである。しかし、そればかりではなく、チェコ語を学習している人にも役立つように構成されている。

　本書は主として3つの部分からなる。

　第一部は会話練習編である。ここでは旅行でチェコを訪れたときによく使う表現を場面ごとに分類し、それぞれを「話す表現」と「聞く表現」に分けて示した。この会話練習編はできるかぎりシンプルなものにしてある。

　第二部は文型練習編である。チェコ語の学習者はここで出てくる簡単な文型をもとに、基本的な語彙を増やし、会話練習編にある表現をさらに応用することができる。

　第三部は語彙集である。ここではテーマ別に分類した語彙のあとに、会話練習編および文型練習編で使われた語と表現が日本語から引けるようになっている。

　チェコ語は文法形態の大変豊かな言語である。しかし、本書では文法に関する解説はなされていないので、語形変化の概略を知りたい方は、同出版社による「チェコ語基礎1500語」の語形変化表(66ページ～112ページ)を参照していただきたい。発音は、一応の目安としてカタカナでルビをつけたが、それは会話練習編の「話す表現」にとどめてある。正確な発音とイントネーションを身につけるためには、本書の文字と発音(viiページ～xiiiページ)を参照し、併せてカセットテープ(別売)を活用するようお勧めする。

はじめに

　本書の執筆にあたり、東京外国語大学講師の立古ダニエラ（Daniela Ryugo）さんとマルティナ・バラトコヴァー（Martina Balatková）さんには貴重なアドヴァイスをいただいた。立古ダニエラさんはその上、日本語のチェコ語アルファベットによる転写とテープの吹き込みも担当してくださった。お二人には心から御礼申し上げる。

　1998年からヴィザなしでチェコへ行かれるようになった。本書がますます増加するであろう日本の旅行者やチェコ語の学習者の助けになれば幸いである。

1999年10月
編者

目　　次

はじめに …………………………………………… i
アルファベット表 ………………………………… vi
文字と発音 ………………………………………… vii
五十音対応表 ……………………………………… xiv

第一部（会話練習編） ……………………………… 1
  1 基本的な表現と日常の挨拶 …………………… 2
  2 看板、掲示 ……………………………………… 8
  3 旅行 ……………………………………………… 12
  4 両替 ……………………………………………… 22
  5 ホテルで ………………………………………… 26
  6 レストランで …………………………………… 36
  7 市内観光 ………………………………………… 48
  8 市内交通 ………………………………………… 52
  9 買い物 …………………………………………… 56
  10 訪問 ……………………………………………… 64
  11 通信 ……………………………………………… 68
  12 医療 ……………………………………………… 78
  13 困ったときに …………………………………… 86

第二部（文型練習編） ……………………………… 91
  1 今　〜時〜分です ……………………………… 92
  2 列車は〜時〜分に出発します。 ……………… 94

(iii)

目　次

3　今日は〜月 ... 日です。　……………………　96
4　〜月 ... 日に出発します。　…………………　98
5　今日は〜曜日です。　……………………… 100
6　〜曜日に出発します。　…………………… 101
7　今は〜月です。　…………………………… 102
8　〜月に出発します。　……………………… 103
9　それは〜年に起こりました。　…………… 104
　　〜年にオリンピックがあるでしょう。
10　私は〜人です。　…………………………… 105
11　これは ... の〜です。　……………………… 107
12　私は〜が痛いです。　……………………… 108
13　私は〜出身です。　………………………… 109
14　私は〜に興味があります。　……………… 111
15　それは〜にあります。　…………………… 112
16　〜へ行って下さい。　……………………… 113
17　私は〜で働いています。　………………… 114
18　〜へ(歩いて)行くところです。　………… 116
19　〜で行きます。　…………………………… 118
20　〜語を話します／話しません。　………… 119
　　〜で書きます／書きません。
　　〜語は分かります／分かりません。
21　〜語を勉強しています／勉強していません。　121
22　〜することが好きです。　………………… 122

目　次

第三部(語彙集) ……………………………… 123
　方位 ……………………………………… 124
　数詞 ……………………………………… 124
　日本語－チェコ語語彙集(五十音順) ………… 127

写真提供：

　藤森　雅子

　松下　雪子

　中村　拓二

アルファベット表

A	a	Ň	ň
B	b	O	o
C	c	P	p
Č	č	Q	q
D	d	R	r
Ď	ďʼ	Ř	ř
E	e	S	s
Ě	ě	Š	š
F	f	T	t
G	g	Ť	ťʼ
H	h	U	u
Ch	ch	V	v
I	i	W	w
J	j	X	x
K	k	Y	y
L	l	Z	z
M	m	Ž	ž
N	n		

文字と発音

1. 概説

ラテン文字を基本とし、原則として1つの文字が1つの音を表す。

いくつかの文字の上には ´, °, ˇ という補助記号を添えて書き表す。

アクセントは第一音節にある。アクセントのある音節は強く発音する。

2. 母音

チェコ語の母音には長短の区別があり、長母音には補助記号がつく。

短　長

a／á　　はっきり発音するときの「ア」／「アー」

e／é　　「エ」／「エー」

i／í　　⎫
y／ý　　⎬ 口を左右に引っ張ってはっきりと発音する「イ」／「イー」

o／ó　　「オ」／「オー」

u／ú　　口を丸く突き出しぎみにして発音する「ウ」／「ウー」

ů 口を丸く突き出しぎみにして発音する
「ウー」ú と同じ発音

2．1．ú と ů

　ú と ů は両方とも長い u を表すが、位置によって書き分ける。

　a．語頭は ú を書く。ústa　口
　b．語中・語末は ů を書く。půl　半分，domů　家へ
　c．語中であっても前に接頭辞がある場合は ú と書く。
　　úplný　完全な　→　neúplný　不完全な

3．子音

3．1．常に同じように発音される文字(有声・無声のペアをなさない)

m：日本語の「マ」の子音と同じ音　　mám　（私は）持っている
n：日本語の「ナ」の子音と同じ音　　na　　～の上に
ň：日本語の「ニャ」の子音とほぼ同じ音　Číňan　中国人
l：舌先を上の歯の裏にあてて出す「ル」　léto　夏
r：舌先を震わせる巻き舌の「ル」　　ruka　手
j：日本語の「ヤ」の子音と同じ音　　jen　　～のみ

(viii)

3．2．子音字 + ě ／ i

文字 ě の発音は je と同じである。必ず子音字の後に書く。

během 〜の間

m の後に ě を書く場合は mně と発音する。město 町

3．2．1．tě, dě, ně の発音

t，d，n の後に ě を書いた場合、舌の前面全体を上顎につけてそれぞれ「チェ」、「ヂェ」、「ニェ」と発音し、t'+ e，d'+ e，ň + e のようになる（t'，d' の発音は 3．4．を参照のこと）。tělo 身体 děkuju ありがとう několik いくつかの

3．2．2．ti, di, ni の発音

t，d，n の後に i を書いた場合の発音は、舌の前面全体を上顎につけた「チ」、「ヂ」、「ニ」となり、t'+ i，d'+ i，ň + i のようになる（t'，d' の発音は 3．4．を参照のこと）。ty，dy，ny と ti，di，ni の発音の区別に注意すること。長母音字 ý と í が後に書かれる場合も同じような発音の区別がある。

ty 君は／ti 君に

mladý 若い（単・1・男）／mladí（複・1・男） nyní 現在

文字と発音

3．3．語頭の j + 子音字

この場合、特に口語で j は発音されない。

　　jdu　（私は）行く

3．4．有声・無声のペアをなすもの(1)

p：日本語の「パ」の子音と同じ音　po　　〜の後で
b：日本語の「バ」の子音と同じ音　bílý　白い
f：下唇に前歯を軽くあてて出す「フ」　film　映画
v：下唇に前歯を軽くあてて出す「ヴ」　vy　あなた
t：日本語の「タ」の子音と同じ音　to　　それ
d：日本語の「ダ」の子音と同じ音　dům　家
t'：舌の前面全体を上顎につけて出す「チュ」　at'　〜するように
d'：舌の前面全体を上顎につけて出す「ヂュ」　Mad'ar　ハンガリー人
s：日本語の「サ」の子音と同じ音　sedm　7
z：日本語の「ザ」の子音とほぼ同じ音　za　〜の後ろに
　　舌先を歯の裏にあてないように注意
š：唇を突き出しぎみにして出す「シュ」　šálek　カップ
ž：唇を突き出しぎみにして出す「ジュ」　žena　女性
　　舌先を歯の裏にあてないように注意
k：日本語の「カ」の子音と同じ音　kolo　自転車
g：日本語の「ガ」の子音と同じ音　galerie　美術館

ch：「ク」を強く発音する時に出るこすれる音　　　　chuť 食欲
h：喉の奥の方で空気がこすれて出る音　hlava 頭

　これらの文字で表される音は、以下のように有声・無声のペアをなし、無声化と有声化を起こす。

| 無　声 | p f t ť s š k ch |
| 有　声 | b v d ď z ž g h |

３．５．無声化（１）

　　　文　字　　　　発音
－有声子音字→－無声

　語末の有声子音字は対応の無声子音として発音される。nůž ナイフ　trh 市場

３．６．無声化（２）

　　　　文　字　　　　　　発音
有声子音字＋無声子音字→無声＋無声

　有声子音字のあとに無声子音字を書く場合、有声子音字は対応の無声子音として発音される。　obchod 店　Francouzka フランス人（女）

3．7．有声化

　　　　　文　字　　　　　発　音

無声子音字＋有声子音字→有声＋有声

　無声子音字のあとに有声子音字を書く場合、無声子音字は対応の有声子音として発音される。　kdo　誰

◆無声子音字のあとの有声子音字がvの場合は有声化を起こさない。

　　svůj　自分の　　　květen　5月

3．8．有声・無声のペアをなすもの(2)

　次の文字で表される音は文字のうえでは現れないが、発音のうえでは有声・無声のペアをなし、無声化や有声化を起こす。

c：日本語の「ツ」の子音と同じ音　cena　値段
č：唇を突き出しぎみにしてだす「チュ」　Čech　チェコ人
ř：rとžを同時に発音してえられる音　dobře　よく

無　声	c	č	(r + š)
有　声	(dz)	(dž)	ř (r + ž)

　ř の無声化：neteř　姪　　hořký　苦い

cとčの有声化：le<u>c</u>kdo（任意の）誰か　lé<u>č</u>ba 治療

3．9．無声化（3）

　　文　字　　　　発　音
無声子音字＋ř → ř(r + š)
無声子音字のあとにřを書くとき、řは無声化する。
tři 3

3．10．無声化（4）

　　文　字　　　　発　音
　　sh -　　　→ sch -
語頭に sh -と綴る時、hは無声化して、chと発音される。
na shledanou さようなら

◆以上のような無声化・有声化は語と語の間でも起こる。
o<u>d</u> koho 誰から　<u>s</u> dědečkem おじいさんと一緒に

五十音対応表

あ a	い i	う u	え e	お o				
か ka	き ki	く ku	け ke	こ ko	きゃ kja	きゅ kju	きょ kjo
さ sa	し ši	す su	せ se	そ so	しゃ ša	しゅ šu	しょ šo
た ta	ち či	つ cu	て te	と to	ちゃ ča	ちゅ ču	ちょ čo
な na	に ni	ぬ nu	ね ne	の no	にゃ nja	にゅ nju	にょ njo
は ha	ひ hi	ふ fu	へ he	ほ ho	ひゃ hja	ひゅ hju	ひょ hjo
ま ma	み mi	む mu	め me	も mo	みゃ mja	みゅ mju	みょ mjo
や ja		ゆ ju		よ jo			
ら ra	り ri	る ru	れ re	ろ ro	りゃ rja	りゅ rju	りょ rjo
わ wa				を wo			
ん n							
が ga	ぎ gi	ぐ gu	げ ge	ご go	ぎゃ gja	ぎゅ gju	ぎょ gjo
ざ za	じ dži	ず zu	ぜ ze	ぞ zo	じゃ dža	じゅ džu	じょ džo
だ da	ぢ dži	づ zu	で de	ど do	ぢゃ dža	ぢゅ džu	ぢょ džo
ば ba	び bi	ぶ bu	べ be	ぼ bo	びゃ bja	びゅ bju	びょ bjo
ぱ pa	ぴ pi	ぷ pu	ぺ pe	ぽ po	ぴゃ pja	ぴゅ pju	ぴょ pjo

第 1 部

会話練習編

ヴァーツラフ広場(Václavské náměstí)からヴァーツラフ像と
国民博物館(Národní muzeum)をのぞむ。Praha

1 基本的な表現と日常の挨拶

はい	Hai
うん / ええ	Un / Ee
いいえ	Iie
ありがとう。	Arigató.
どうもありがとう。	Dómo arigató.
どういたしまして。	Dó itašimašite.
おはようございます。	Ohajó gozaimasu.
こんにちは。	Konničiwa.
こんばんは。	Konbanwa.
やあ！どうも！	Já ! Dómo !
お元気ですか。	Ogenki desu ka ?
元気？	Genki ?
おかげさまで、元気です。	Okage sama de, genki desu.
まあいいです。	Má, ii desu.
まずまずです。	Mazu mazu desu.
たいしたことありません。	Taišita koto arimasen.

第1部　会話練習編

1 Všeobecné výrazy a pozdravy

Ano.
アノ
◊Jo. / ◊No.
ヨ　　　ノ
Ne.
ネ
Děkuji./◊Dík.
ヂェクイ　　ヂーク
Děkuji mnohokrát./Děkuji vám.
ヂェクイ　ムノホクラート　ヂェクイ　ヴァーム
Není zač./Prosím.
ネニー　ザチ　プロスィーム

Dobré ráno.
ドブレー　ラーノ
Dobrý den./Dobré odpoledne.
ドブリー　デン　ドブレー　オトポレドネ
Dobrý večer.
ドブリー　ヴェチェル
◊Ahoj ! / ◊Čau !
アホイ　　　　チャウ
Jak se máte ? / Jak se vám daří ?
ヤク　セ　マーテ　　ヤク　セ　ヴァーム　ダジー
◊Jak se máš ?
ヤク　セ　マーシュ
Děkuji, dobře./◊Dík, dobře.
ヂェクイ　ドブジェ　ヂーク　ドブジェ
Docela dobře.
ドツェラ　ドブジェ
Ujde to.
ウィデ　ト
Nic moc.
ニツ　モツ

◊は家族や友人など親しい人に対して使います。

ところであなたは？／君は？	Tokoro de anata wa ?/kimi wa ?
はじめまして。	Hadžime mašite.
こちらこそ。	Kočira koso.
あなたのお名前は？	Anata no onamae wa ?
私は…と申します。	Wataši wa . . . to móšimasu.
おやすみなさい。	Ojasumi nasai.
のちほど会いましょう。	Nočihodo aimašó.
さようなら。	Sajónara.
ご家族の皆さんによろしく。	Gokazoku no minasan ni jorošiku.
じゃあね！	Džá ne !
お元気で。	Ogenki de.
良いご旅行を。	Joi gorjokó wo.

質問

何？	Nani ?
誰？	Dare ?
どこに？どこで？	Doko ni ?　Doko de ?

第1部　会話練習編

A vy ?/◊ A ty ?
ア ヴィ　　　ア ディ

Těší mě.
チェシー ムニェ
Mě také.
ムニェ タケー
Jak se jmenujete ?
ヤク セ イメヌイェテ
Jmenuji se ....
イメヌイ セ
Dobrou noc.
ドブロウ ノツ
Uvidíme se později.
ウヴィデーメ セ ポズヂェイ
Na shledanou.
ナ スフレダノウ
Vyřid'te pozdravy rodině.
ヴィジチテ ポズドラヴィ ロヂニェ

◊ Ahoj ! / ◊ Čau !
アホイ　　　チャウ
Mějte se hezky ! / Měj se hezky !
ムニェイテ セ ヘスキ　　ムニェイ セ ヘスキ
Šťastnou cestu !
シュチャストゥノウ ツェストゥ

Otázky

Co ?
ツォ
Kdo ?
グド
Kde ?
グデ

(5)

どこへ？	Doko e ?
いつ？	Icu ?
いくつ？	Ikucu ?
どうやって？	Dó jatte ?
なぜ？	Naze ?
すみません。【質問するとき】	Sumimasen.
これはチェコ語で何といいますか。	Kore wa čekogo de nan to iimasu ka ?
英語を話せますか？	Eigo wo hanasemasu ka ?
ドイツ語は話せません。	Doicugo wa hanasemasen.
お手洗いはどこですか。	Otearai wa doko desu ka ?
これはどういう意味ですか。	Kore wa dó iu imi desu ka ?
分かりません。	Wakarimasen.
何ですって？【聞き取れなかった時】	Nan desutte ?
失礼！	Šicurei !
すみません。（通して下さい）	Sumimasen. (Tóšite kudasai.)
どうぞ。	Dózo.

第 1 部　会話練習編

Kam ?
カム

Kdy ?
グディ

Kolik ?
コリク

Jak ?
ヤク

Proč ?
プロチ

Promiňte.
プロミンテ

Jak se to řekne česky ?
ヤク　セ　ト　ジェクネ　チェスキ

Mluvíte anglicky ?
ムルヴィーテ　アングリツキ

Nemluvím německy.
ネムルヴィーム　ニェメツキ

Kde je záchod ?
グデ　イェ　ザーホト

Co to znamená ?
ツォ　ト　ズナメナー

Nerozumím.
ネロズミーム

Prosím ?
プロスィーム

Pardon !
パルドン

S dovolením.
ズ　ドヴォレニーム

Prosím.
プロスィーム

よろこんで。 | Jorokonde.
お先にどうぞ。 | Osaki ni dózo.
かまいません。 | Kamaimasen.

2 Nápisy

čekárna
チェカールナ
dámy
ダーミ
informace
インフォルマツェ
kouření zakázáno
コウジェニー　ザカーザーノ
koupelna
コウペルナ
kuřáci
クジャーツィ
muži
ムジ
nástupiště
ナーストゥピシュチェ
nebezpečí
ネベスペチー
nedotýkejte se !
ネドティーケイテ　セ
nefunguje
ネフングイェ
nekuřáci
ネクジャーツィ
nepovolaným vstup zakázán !
ネポヴォラヌィーム　フストゥプ　ザカーザーン
nouzový východ
ノウゾヴィー　ヴィーホト
obsazeno
オブサゼノ

第1部　会話練習編

S radostí.
スラドスチー

Až po vás.
アシュ ポ ヴァース

Nic se nestalo./ To je v pořádku./ To nevadí.
ニツ セ ネスタロ　ト イェフ ポジャートク　ト ネヴァヂー

2　看板、掲示

待合室	Mačiaišicu
婦人	Fudžin
案内所	Annaidžo
禁煙	Kin`en
バスルーム	Basu rúmu
喫煙席	Kicuenseki
男性	Dansei
プラットホーム	Puratto hómu
危険	Kiken
触らないでください。	Sawaranaide kudasai.
故障中	Košóčú
禁煙席	Kin`enseki
関係者以外立入禁止	Kankeiša igai tačiiri kinši
非常口	Hidžóguči
使用中	Šijóčú

チェコ語会話練習帳

otevřeno
オテヴジェノ

páni
パーニ

paní
パニー

pitná voda
ピトナー　ヴォダ

plno / plný
プルノ　プルヌィー

podchod
ポトホト

pokladna
ポクラドナ

pozor !
ポゾル

přejděte na druhý chodník !
プシェイジェテ　ナ　ドゥルヒー　ホドニーク

přízemí
プシーゼミー

první patro
プルヴニー　パトロ

rezerve
レゼルヴェ

samoobsluha
サモオブスルハ

sem
セム

sleva
スレヴァ

suterén
ステレーン

tam
タム

toalety
トアレティ

totální výprodej
トタールニー　ヴィープロデイ

第1部　会話練習編

営業中	Eigjóčú
紳士	Šinši
婦人	Fudžin
飲み水	Nomimizu
満席	Manseki
地下道	Čikadó
レジ/チケット売り場	Redži/Čiketto uriba
注意！	Čúi!
（工事中につき）反対側に渡ること	(Kódžičú ni cuki) Hantaigawa ni wataru koto
1階	Ikkai
2階	Nikai
予約席	Jojakuseki
セルフサービス/スーパー	Serufu sábisu/Súpá
引く	Hiku
割り引き	Waribiki
地階	Čikai
押す	Osu
トイレ/化粧室	Toire/Kešóšicu
在庫一掃	Zaiko issó

úschovna zavazadel
ウースホヴナ　ザヴァザデル

vchod
フホト

volno
ヴォルノ

vstup zakázán
フストゥプ　ザカーザーン

východ
ヴィーホト

výtah
ヴィータフ

WC / záchody
ヴェーツェー　ザーホディ

zákaz ...
ザーカス

zavřeno
ザヴジェノ

ženy
ジェヌィ

3　旅行

列車	Rešša
駅	Eki
案内所	Annaidžo
時刻表	Džikokuhjó
到着	Tóčaku
出発	Šuppacu
プラットホーム	Puratto hómu
切符売り場	Kippu uriba

荷物預かり所	Nimocu azukarišo
入り口	Iriguči
空き	Aki
立ち入り禁止	Tačiiri kinši
出口	Deguči
エレベーター	Erebétá
トイレ	Toire
...禁止	...kinši
閉店	Heiten
婦人	Fudžin

3 Na cestě

vlak
ヴラク

stanice, nádraží
スタニツェ　ナードラジー

informace
インフォルマツェ

jízdní řád
イーズドニー　ジャート

příjezd
プシーイェスト

odjezd
オドイェスト

nástupiště
ナーストゥピシュチェ

pokladna
ポクラドナ

片道切符	Katamiči kippu
往復切符	Ófuku kippu
座席指定券	Zaseki šiteiken
遺失物保管所	Išicubucu hokandžo
１等／２等	Ittó/Nitó

駅で

切符売り場／両替所はどこですか。	Kippu uriba / Rjógaedžo wa doko desu ka ?
荷物預かり所／待合室はどこですか。	Nimocu azukarišo / Mačiaišicu wa doko desu ka ?
時刻表はありますか。	Džikokuhjó wa arimasu ka ?
切符はどこで買えますか。	Kippu wa doko de kaemasu ka ?
ヘプまでの切符が欲しいのですが。	Hepu made no kippu ga hošii no desu ga.
オロモウツまではいくらですか。	Oromoucu made wa ikura desu ka ?
ブルノまでの往復切符はいくらですか。	Buruno made no ófuku kippu wa ikura desu ka ?

第 1 部　会話練習編

jízdenka jedním směrem / **jednosměrná jízdenka**
イーズデンカ イェドニーム スムニェレム　　イェドノスムニェルナー イーズデンカ

zpáteční jízdenka
スパーテチュニー イーズデンカ

místenka
ミーステンカ

oddělení ztrát a nálezů
オッヂェレニー ストラート ア ナーレズー

první / druhá třída
プルヴニー ドゥルハー トゥシーダ

Na nádraží

Kde je pokladna / směnárna ?
グデ イェ ポクラドナ　　スムニェナールナ

Kde je úschovna zavazadel / čekárna ?
グデ イェ ウースホヴナ ザヴァザデル　　チェカールナ

Máte jízdní řád ?
マーテ イーズドニー ジャート

Kde si mohu koupit jízdenku ?
グデ スィ モフ　　コウピト イーズデンク

Chtěl(a)* bych jízdenku do Chebu.
フチェル(ラ)　　ビフ　　イーズデンク　ド　　ヘブ

Kolik stojí lístek do Olomouce ?
コリク ストイー リーステク ド オロモウツェ

Kolik stojí zpáteční jízdenka do Brna ?
コリク ストイー スパーテチュニー イーズデンカ ド ブルナ

* 男性は Chtěl, 女性は Chtěla を使います。
　　　フチェル　　　　　フチェラ

(15)

座席指定券は必要ですか。	Zaseki šiteiken wa hicujó desu ka?
その旅はどのくらい時間がかかりますか。	Sono tabi wa dono kurai džikan ga kakarimasu ka?
ピルゼン行きの次の列車はいつでますか。	Piruzenjuki no cugi no rešša wa icu demasu ka?
コシツェ行きの列車はこのホームから出ますか。	Košicejuki no rešša wa kono hómu kara demasu ka?
乗り換えなくてはなりませんか。	Norikaenakute wa narimasen ka?
どこで乗り換えればいいでしょう。	Doko de norikaereba ii dešó?
乗り換えの時間はありますか。	Norikae no džikan wa arimasu ka?
この列車はコノピシュチェにとまりますか。	Kono rešša wa Konopišuče ni tomarimasu ka?

車内で

ここあいてますか。	Koko aitemasu ka?
この列車は時間通り運行していますか。	Kono rešša wa džikandóri unkó šite imasu ka?

第1部　会話練習編

Potřebuji místenku ?
ポトシェブイ　ミーステンク

Jak dlouho ta cesta trvá ?
ヤク　ドロウホ　タ　ツェスタ　トゥルヴァー

Kdy jede příští vlak do Plzně ?
グディ　イェデ　プシーシュチー　ヴラク　ド　プルズニェ

Jede vlak do Košic z tohoto nástupiště ?
イェデ　ヴラク　ド　コシツ　ス　トホト　ナーストゥピシュチェ

Musím přestoupit ?
ムスィーム　プシェストウピト

Kde mám přestoupit ?
グデ　マーム　プシェストウピト

Mám čas na přestup ?
マーム　チャス　ナ　プシェストゥプ

Staví ten vlak na Konopišti ?
スタヴィーテン　ヴラク　ナ　コノピシュチ

Ve vlaku

Je tady volno ?
イェ　タディ　ヴォルノ
Jede ten vlak přesně ?
イェデ　テン　ヴラク　プシェスニェ

この列車は何分遅れていますか。	Kono rešša wa nanpun okurete imasu ka?

こんな表現を耳にすることでしょう

Je obsazeno.
Máme zpoždění.
Jízdenky, prosím.
Máte místenku?

バス

バスターミナルはどこですか。	Basu táminaru wa doko desu ka?
このバスはどこへ行きますか。	Kono basu wa doko e ikimasu ka?
このバスはブルノまで行きますか。	Kono basu wa Buruno made ikimasu ka?
ピルゼンへはどのバスで行ったらいいのでしょう。	Piruzen e wa dono basu de ittara ii no dešó?
次の/始発/最終バスはいつですか。	Cugi no / Šihacu/Saišú basu wa icu demasu ka?

第1部　会話練習編

Kolik minut má vlak zpoždění ?
コリク　ミヌト　マー　ヴラク　スポジュヂェニー

ここはふさがっています。

この列車は遅れています。

切符を拝見します。

座席指定券をお持ちですか。

Autobus

Kde je autobusové nádraží ?
グデ　イェ　アウトブソヴェー　ナードラジー

Kam jede tento autobus ?
カム　イェデ　テント　アウトブス

Jede tento autobus do Brna ?
イェデ　テント　アウトブス　ド　ブルナ

Kterým autobusem se dostanu do Plzně ?
クテリーム　アウトブセム　セ　ドスタヌ　ド　プルズニェ

Kdy jede   příští / první / poslední autobus ?
グディ　イェデ　プシーシュチー　プルヴニー　ポスレドニー　アウトブス

いつ降りたらいいか教えてください。	Icu oritara ii ka ošiete kudasai.
降ります！	Orimasu!

レンタカー

運転免許証	Unten menkjošó
手付金	Tecukekin
ガレージ	Garédži
駐車場	Čúšadžó

車を借りたいのですが。	Kuruma wo karitai no desu ga.
１日いくらですか。	Ičiniči ikura desu ka?
それを１日／１週間借りたいのですが。	Sore wo ičiniči / iššúkan karitai no desu ga.
手付金を払わなくてはなりませんか。	Tecukekin wo harawanakute wa narimasen ka?
保険も含まれていますか。	Hoken mo fukumarete imasu ka?

第1部　会話練習編

Řekněte mi, kdy mám vystoupit.
ジェクニェテ　ミ　グディ　マーム　ヴィストゥピト

Chci vystoupit !
フツィ　ヴィストゥピト

Půjčovna aut

řidičský průkaz / řidičák
ジヂチュスキー　プルーカス　ジヂチャーク
záloha
ザーロハ
garáž
ガラーシュ
parkoviště
パルコヴィシュチェ

Rád(a)* bych si pronajal(a)* auto.
ラート(ダ)　ビフ　スィ　プロナヤル(ラ)　アウト

Kolik stojí pronájem na den ?
コリク　ストイー　プロナーイェム　ナ　デン
Chci ho na jeden den / na týden.
フツィ　ホ　ナ　イェデン　デン　ナ　ティーデン

Je nutné zaplatit zálohu ?
イェ　ヌトネー　ザプラチト　ザーロフ

Je pojištění zahrnuto v ceně ?
イェ　ポイシュチェニー　ザフルヌト　フ　ツェニェ

---

*男性は Rád, pronajal を、女性は Ráda, pronajala を使います。
　　ラート　プロナヤル　　　　　　ラーダ　プロナヤラ

(21)

4 両替

銀行	Ginkó
両替所	Rjógaedžo
お金	Okane
小切手	Kogitte
現金	Genkin
紙幣	Šihei
コイン	Koin
小銭	Kozeni
レート	Réto
手数料	Tesúrjó

1番近い銀行／両替所はどこですか。	Ičiban čikai ginkó / rjógaedžo wa doko desu ka ?
数ドルほど両替したいのです。	Súdoru hodo rjógae šitai no desu.
円をコルナに両替したいのです。	En wo koruna ni rjógae šitai no desu.

第1部 会話練習編

4 Výměna peněz

banka
バンカ

směnárna
スムニェナールナ

peníze
ペニーゼ

šek
シェク

hotovost
ホトヴォスト

bankovka
バンコフカ

mince
ミンツェ

drobné
ドロブネー

kurz
クルス

provize
プロヴィゼ

Kde je nejbližší banka / směnárna ?
グデ イェネイブリッシー バンカ スムニェナールナ

Chci si vyměnit nějaké dolary.
フツィ スィ ヴィムニェニト ニェヤケー ドラリ

Chci směnit jeny za koruny.
フツィ スムニェニト イェヌィ ザ コルヌィ

(23)

トラベラーズチェックを扱っていますか。	Toraberázu čekku wo acukatte imasuka ?
レートはどのくらいですか。	Réto wa dono kurai desu ka ?
コインをいただけますか。	Koin wo itadakemasu ka ?
お金をくずしていただけますか。	Okane wo kuzušite itadakemasu ka ?

こんな表現を耳にすることでしょう

Váš průkaz totožnosti, prosím.

Podepište se sem.

　チェコの通貨単位はコルナ(koruna)で、Kčと略されます。コルナの下の単位はハレーシュ(haléř)といい、1コルナ＝100ハレーシュです。両替は銀行や両替所でできます。両替所は空港、大きな鉄道駅にあり、また、プラハやブルノなどの大きな町の中にはたくさんあります。大きめのホテルにも両替所があります。

第1部　会話練習編

Berete cestovní šeky ?
ベレテ　ツェストヴニー　シェキ

Jaký je dnešní kurz ?
ヤキー　イェドゥネシュニー　クルス

Můžete mi dát mince ?
ムージェテ　ミ　ダート　ミンツェ
Můžete mi rozměnit ?
ムージェテ　ミ　ロズムニェニト

身分証明書をお願いします。

ここにサインしてください。

大抵の主要通貨はコルナに替えることができますが、どの通貨を扱い、どのくらいのレートで替えるのか、手数料（provize）はいくらなのかは、銀行や両替所の系列ごとにかなり異なります。レート表は見やすいところに掲示してあるか、自由に取れるようになっています。

5 ホテルで

宿泊施設	Šukuhaku šisecu
ホテル	Hoteru
ペンション	Penšon
予約	Jojaku
シングルルーム	Šinguru rúmu
ツインルーム	Cuin rúmu
浴室	Jokušicu
シャワー	Šawá
ルームナンバー	Rúmu nanbá
鍵	Kagi
セーフティーボックス	Séfutí bokkusu
セクレタリーサービス	Sekuretarí sábisu
ルームメイド	Rúmu meido
勘定書	Kandžóšo

第1部　会話練習編

5 V hotelu

ubytovna
ウビトヴナ

hotel
ホテル

penzion
ペンズィオン

rezervace
レゼルヴァツェ

jednolůžkový pokoj
イェドノルーシュコヴィー　ポコイ

dvoulůžkový pokoj
ドゥヴォウルーシュコヴィー　ポコイ

koupelna
コウペルナ

sprcha
スプルハ

číslo pokoje
チースロ　ポコイェ

klíč
クリーチ

sejf
セイフ

sekretářské služby
セクレターシュスケー　スルジュビ

pokojská
ポコイスカー

účet
ウーチェト

予約と問い合わせ

ツインルームを明日／１泊／２泊予約したいのですが。	Cuin rúmu wo asu/ippaku/nihaku jojaku šitai no desu ga.
…の名で予約してあります。	…no na de jojaku šite arimasu.
空き部屋はありますか。	Akibeja wa arimasu ka?
浴室付き／シャワー付きのシングルルームをお願いしたいのですが。	Jokušicucuki / šawácuki no šinguru rúmu wo onegai šitai no desu ga.
１泊します／１週間滞在します。	Ippaku šimasu. / Iššúkan taizai šimasu.
１泊おいくらですか。	Ippaku oikura desu ka?
部屋にテレビ／ラジオ／電話はありますか。	Heja ni terebi / radžio / denwa wa arimasu ka?

決定

その部屋を見せていただけますか。	Sono heja wo misete itadakemasu ka?
気に入りません。	Ki ni irimasen.

第1部　会話練習編

Rezervace a informace

Chtěl(a)* bych si rezervovat jeden dvoulůžkový pokoj
フチェル(ラ)　　ビフ　スィ レゼルヴォヴァト イェデン ドゥヴォウルーシュコヴィー　ポコイ
na zítra / na jednu noc / na dvě noci.
ナ ズィートラ　ナ　イェドヌ　ノツ　ナ ドゥヴィエノツィ

Mám rezervaci na jméno ....
マーム　レゼルヴァツィ　ナ　イメーノ

Máte volný pokoj ?
マーテ　ヴォルヌィー　ポコイ
Chtěl(a)* bych jednolůžkový pokoj s koupelnou / se
フチェル(ラ)　　ビフ　イェドノルーシュコヴィー　ポコイ　ス　コウペルノウ　　　セ
sprchou.
スプルホウ

Zůstaneme na jednu noc / na týden.
ズースタネメ　ナ　イェドヌ　ノツ　　ナ ティーデン

Kolik stojí ubytování na jednu noc ?
コリク ストイーウビトヴァーニー　ナ イェドヌ ノツ
Je na pokoji televize / rádio / telefon ?
イェ ナ ポコイ　テレヴィゼ　ラーディオ　テレフォン

Rozhodnutí

Mohu se podívat na ten pokoj ?
モフ　セ　ポヂーヴァトゥ　ナ テン　ポコイ

Mně se nelíbí.
ムニェ セ ネリービー

*男の人はChtěl と、女の人はChtěla と言います。
　　　フチェル　　　　　　　　　　フチェラ

随分高いですね。	Zuibun takai desu ne.
暗すぎます。／小さすぎます。／うるさすぎます。	Kurasugimasu./ Čiisasugimasu. Urusasugimasu.
もう少し良い／大きい／安い／静かな部屋はありませんか。	Mó sukoši joi / ókii / jasui / šizuka na heja wa arimasen ka ?
いいですね。その部屋にします。	Ii desu ne. Sono heja ni šimasu.
荷物を部屋に運んでください。	Nimocu wo heja ni hakonde kudasai.

こんな表現を耳にすることでしょう。

Tady máte klíč.

Přeji vám příjemný pobyt.

滞在中に

朝食は何時から何時までですか。	Čóšoku wa nandži kara nandži made desu ka ?
これらをセーフティーボックスに預けたいのですが。	Korera wo séfutí bokkusu ni azuketai no desu ga.

第1部 会話練習編

To je moc drahé.
トィェ モツ ドラヘー

Je moc tmavý / malý / hlučný.
イェ モツ トゥマヴィー マリー フルチュヌィー

Máte něco lepšího / většího / lacinějšího / tiššího ?
マーテ ニェツォ レプシーホ ヴィエトシーホ ラツィニェイシーホ チシーホ

To je v pořádku. Rozhodnu se pro tento pokoj.
トィェフ ポジャートク ロズホドヌ セ プロ テント ポコイ

Odneste mi zavazadla na pokoj.
オドネステ ミ ザヴァザドラ ナ ポコイ

こちらがお部屋の鍵です。

どうぞごゆっくりおくつろぎください。

Během pobytu

Od kolika do kolika hodin jsou snídaně ?
オトゥ コリカ ド コリカ ホヂン イソウ スニーダニェ

Chci nechat tyto věci v hotelovém sejfu.
フツィ ネハト ティト ヴィエツィ ヴ ホテロヴェーム セイフ

ホテルからファックスを送れますか。	Hoteru kara fakkusu wo okuremasu ka ?
ホテルから日本へ電話をかけられますか。	Hoteru kara Nihon e denwa wo kakeraremasu ka ?
…号室の鍵をください。	…góšicu no kagi wo kudasai.
お湯を部屋に運んでください。	Oju wo heja ni hakonde kudasai.
…宛てに伝言はきていませんか。	…ate ni dengon wa kite imasen ka ?
クーラー／扇風機が動きません。	Kúrá / Senpúki ga ugokimasen.
電話が壊れています。	Denwa ga kowarete imasu.
お湯が出ません。	Oju ga demasen.
鍵をなくしてしまいました。	Kagi wo nakušite šimaimašita.
パスポートが部屋からなくなってしまいました。	Pasupóto ga heja kara nakunatte šimaimašita.

出発

チェックアウトは何時までですか。	Čekkuauto wa nandži made desu ka ?

第1部　会話練習編

Mohu z hotelu poslat fax ?

Mohu z hotelu volat do Japonska ?

Klíč od pokoje ... , prosím.
Prosím, přineste mi na pokoj horkou vodu.

Nemám tady nějaký vzkaz na jméno ... ?

Nefunguje klimatizace / větrák.

Telefon je rozbitý.
Neteče teplá voda.
Ztratil(a)* jsem klíč.

Ztratil se mi pas z pokoje.

*男の人は Ztratil と、女の人は Ztratila と言います。

Odjezd

Do kolika hodin se musím odhlásit ?

今日 / 明日出発します。	Kjó / Asu šuppacu šimasu.
お勘定お願いします。	Okandžó onegai šimasu.
クレジットカードで払えますか。	Kuredžitto kádo de haraemasu ka ?
出発まで荷物を預かっていただけますか。	Šuppacu made nimocu wo azukatte itadakemasu ka ?
タクシーを呼んでいただけますか。	Takuší wo jonde itadakemasu ka ?

クリスマスのころの旧市街広場（Staroměstské náměstí）Praha

第 1 部 会話練習編

Odjíždím(e)* dnes / zítra.
オドイージュヂーム(メ)　ドゥネス　ズィートラ

Prosím účet.
プロスィーム　ウーチェト

Mohu platit kreditní kartou ?
モフ　プラチト　クレヂトニー　カルトゥ

Můžete mi uschovat zavazadla do odjezdu ?
ムージェテ　ミ　ウスホヴァト　ザヴァザドラ　ド　オドイェズドゥ

Můžete nám objednat taxi ?
ムージェテ　ナーム　オブイェドナッ　タクスィ

*1 人で出発するときは Odjíždím, 2 人以上で出発するときは Odjíždíme
　　　　　　　　　　　　オドイージュヂーム　　　　　　　　　　　　　　　オドイージュヂーメ
を使います。

(35)

6 レストランで

レストラン	Resutoran
空いている	Aite iru
ふさがっている	Fusagatte iru
朝食	Čóšoku
昼食	Čúšoku
夕食	Júšoku
メニュー	Menjú
チップ	Čippu

4人分予約したいのですが。	Joninbun jojaku šitai no desu ga.
8時にそちらに行きます。	Hačidži ni sočira ni ikimasu.
空いている席はありますか。	Aite iru seki wa arimasu ka ?
朝食 / 昼食 / 夕食をお願いします。	Čóšoku / Čúšoku / Júšoku wo onegai šimasu.
メニューをお願いします。	Menjú wo onegai šimasu.
お薦めは何ですか。	Osusume wa nan desu ka ?

6 V restauraci

restaurace
レスタウラツェ
volno
ヴォルノ
obsazeno
オブサゼノ
snídaně
スニーダニェ
oběd
オビェト
večeře
ヴェチェジェ
jídelní lístek
イーデルニー リーステク
spropitné
スプロピトネー

Chci si zamluvit stůl pro čtyři.
フツィ スィ ザムルヴィト ストゥール プロ チティジ

Přijdeme v osm hodin.
プシイデメ ヴ オスム ホヂン
Máte volno ?
マーテ ヴォルノ

Prosím snídani / oběd / večeři.
プロスィーム スニーダニ オビェト ヴェチェジ

Prosím jídelní lístek.
プロスィーム イーデルニー リーステク
Co doporučujete ?
ツォ ドポルチュイェテ

ヴェジタリアン用の料理は 　ありますか。	Bedžitarian`jó no rjóri wa 　arimasu ka ?
...にします。	...ni šimasu.
前菜	Zensai
オープンサンド	Ópun sando
プラハハム	Puraha hamu
スープ	Súpu
ポテトスープ	Poteto súpu
コンソメスープ	Konsome súpu
メインディッシュ	Mein diššu
肉	Niku
牛肉	Gjúniku
子牛肉	Koušiniku
豚肉	Butaniku
羊肉	Hicudžiniku
焼いた / 煮た	Jaita / Nita
フライにした	Furai ni šita
レアの	Rea no
ミディアムの	Midiamu no
ウェルダンの	Uerudan no

第1部　会話練習編

Máte bezmasá jídla ?
マーテ　ベズマサー　イードラ

Dám si ....
ダーム　スィ

předkrmy
プシェトクルミ
  obložené chlebíčky
  オブロジェネー　フレビーチキ
  pražská šunka
  プラシュスカー　シュンカ
polévky
ポレーフキ
  bramborová polévka
  ブランボロヴァー　ポレーフカ
  vývar
  ヴィーヴァル
hlavní jídla
フラヴニー　イードラ
  maso
  マソ
  hovězí maso
  ホヴィエズィー　マソ
  telecí maso
  テレツィー　マソ
  vepřové maso
  ヴェプショヴェー　マソ
  skopové maso
  スコポヴェー　マソ
  pečené / vařené
  ペチェネー　ヴァジェネー
  smažené
  スマジェネー
  lehce udělané
  レフツェ　ウヂェラネー
  středně udělané
  ストシェドニェ　ウヂェラネー
  dobře udělané
  ドブジェ　ウヂェラネー

野生動物の肉	Jasei dóbucu no niku
ひな鳥	Hinadori
魚	Sakana
鯉	Koi
鱒	Masu
野菜と付け合わせ	Jasai to cukeawase
インゲンマメ	Ingen mame
きゃべつ	Kjabecu
ニンジン	Nindžin
レタス	Retasu
きのこ	Kinoko
じゃがいも	Džagaimo
グリーンサラダ	Gurín sarada
ブランボラーク	Buranboráku
（ポテトパンケーキ）	（Poteto pankéki）
クネドリーキ	Kunedoríki
（ダンプリング）	（Danpuringu）
マッシュポテト	Maššu poteto
果物とデザート	Kudamono to dezáto
りんご	Ringo

第1部　会話練習編

zvěřina
ズヴィエジナ

kuře
クジェ

ryby
リビ

kapr
カプル

pstruh
プストルフ

zelenina a přílohy
ゼレニナ　ア　プシーロヒ

　fazole
　ファゾレ

　zelí
　ゼリー

　mrkev
　ムルケフ

　hlávkový salát
　フラーフコヴィー　サラート

　houby
　ホウビ

　brambory
　ブランボリ

　salát
　サラート

　bramborák
　ブランボラーク

　knedlíky
　クネドリーキ

　bramborová kaše
　ブランボロヴァー　カシェ

ovoce a moučníky / zákusky
オヴォツェア　モウチニーキ　ザークスキ

　jablka
　ヤブルカ

(41)

さくらんぼ	Sakuranbo
オレンジ	Orendži
桃	Momo
梨	Naši
プラム	Puramu
いちご	Ičigo
ケーキ	Kéki
アイスクリーム	Aisukurímu
クレープ	Kurépu
パフェ	Pafe
飲み物	Nomimono
アルコール飲料	Arukóru inrjó
ビール	Bíru
ベヘロフカ	Beherofuka
赤ワイン	Akawain
白ワイン	Širowain
プラムブランデー	Puramu burandé
ソフトドリンク	Sofuto dorinku
コーヒー	Kóhí
お茶	Oča
フルーツジュース	Furúcu džúsu

第1部 会話練習編

třešně
トシェシュニェ

pomeranče
ポメランチェ

broskve
ブロスクヴェ

hrušky
フルシュキ

švestky
シュヴェストキ

jahody
ヤホディ

dort
ドルト

zmrzlina
ズムルズリナ

palačinka
パラチンカ

pohár
ポハール

nápoje
ナーポイェ

alkoholické nápoje
アルコホリツケー　ナーポイェ

pivo
ピヴォ

Becherovka
ベヘロフカ

červené víno
チェルヴェネー ヴィーノ

bílé víno
ビーレー ヴィーノ

slivovice
スリヴォヴィツェ

nealkoholické nápoje
ネアルコホリツケー　ナーポイェ

káva
カーヴァ

čaj
チャイ

ovocná šťáva
オヴォツナー　シュチャーヴァ

牛乳	Gjúnjú
水	Mizu
ミネラルウォーター	Mineraru wótá

クレームと勘定

これは苦すぎます／甘すぎます。	Kore wa nigasugimasu. / amasugimasu.
これは注文していません。	Kore wa čúmon šite imasen.
お勘定をお願いします。	Okandžó wo onegai šimasu.
この勘定書には間違いがあるようです。	Kono kandžóšo ni wa mačigai ga aru jó desu.
全部含まれていますか。	Zenbu fukumarete imasu ka ?

【ウェイターがお釣りを渡そうとする時】

いいです。（いりません）	Ii desu.(Irimasen)

【お釣りの一部をチップとして渡すとき】

どうぞ。	Dózo.
おいしかったです、ありがとう。	Oišikatta desu, arigató.

第 1 部　会話練習編

mléko
ムレーコ

voda
ヴォダ

minerálka
ミネラールカ

Stížnosti a placení

To je moc hořké / sladké.
ト　イェ　モツ　ホシュケー　スラトケー

To jsem si neobjednal(a)*.
ト　イセム　スィ　ネオブイェドナル(ラ)

Prosím　účet. / Prosím, platit.
プロスィーム　ウーチェト　プロスィーム　プラチト

V tom účtu　je　asi chyba.
フ　トム　ウーチトゥ　イェ　アスィ　ヒバ

Je v tom všechno ?
イェ　フ　トム　フシェフノ

To je dobré. To je v pořádku.
ト　イェ　ドブレー　ト　イェ　フ　ポジャートク

To je pro　vás.
ト　イェ　プロ　ヴァース

Moc nám to chutnalo, děkujeme.
モツ　ナーム　ト　フトナロ　ヂェクイェメ

　＊男の人は neobjednal と、女の人は neobjednala と言います。
　　　　　　　ネオブイェドナル　　　　　　　　　ネオブイェドナラ

(45)

こんな表現を耳にすることでしょう。

Promiňte, je obsazeno.

Máte vybráno?

Dobrou chuť!

レストラン(restaurace)以外には次のような看板を掲げている所で食事ができます。

hospoda：居酒屋。飲むだけではなく、チェコの伝統的な料理が味わえます。

pivnice：ビアホール。

rychlé občerstvení：立ち食いの軽食コーナー。

samoobsluha：セルフサービス式の食堂。automatということもあります。

vinárna：ワインを中心に、それにあうような食事ができます。

喫茶店(kavárna)ではコーヒー、紅茶、ジュースな

申し訳ありません、ふさがっています。

お決まりですか。

【料理が運ばれてきたときに】どうぞ。

どのソフトドリンクとお菓子が味わえます。中にはサンドウィッチなどの軽食を出すところもありますが、甘いものが主体です。cukrárnaと書いてある店はお菓子屋です。テイクアウトだけの所もありますが、その場でコーヒーや紅茶を注文して食べることができる店もあります。

　セルフサービス以外のところでの支払いは、勘定書を要求したあとテーブルの上で済ませるのが普通です。請求された額の10パーセント以内を目安に、端数を切り上げてきりのいい数字になるようチップ（spropitné）を支払います。

7 市内観光

植物園	Šokubucuen
公園	Kóen
庭園	Teien
城	Širo
宮殿	Kjúden
教会	Kjókai
修道院	Šúdóin
広場	Hiroba
町の中心	Mači no čúšin
市場	Ičiba
商店街	Šótengai
博物館	Hakubucukan
美術館	Bidžucukan
劇場	Gekidžó
入場券	Njúdžóken
学割	Gakuwari

7 Projížďka městem

botanická zahrada
ボタニツカー　ザフラダ

park
パルク

zahrada
ザフラダ

zámek / hrad
ザーメク　フラト

palác
パラーツ

kostel
コステル

klášter
クラーシュテル

náměstí
ナームニェスチー

centrum města
ツェントルム　ムニェスタ

trh
トゥルフ

obchodní čtvrť
オブホドニー　チトゥヴルチ

muzeum
ムゼウム

galerie
ガレリエ

divadlo
ヂヴァドロ

vstupenka
フストゥペンカ

studentská sleva
ストゥデンツカー　スレヴァ

日本語	チェコ語
ツーリストオフィスはどこですか。	Cúrisuto ofisu wa doko desu ka ?
そこには英語を話すガイドはいますか。	Soko ni wa eigo wo hanasu gaido wa imasu ka
市街地図はありますか。	Šigai čizu wa arimasu ka ?
観光プログラムはありますか。	Kankó puroguramu wa arimasu ka ?
…はどこですか。	... wa doko desu ka ?
…はどう行けばいいですか。	... wa dó ikeba ii desu ka ?
地図で指していただけますか。	Čizu de sašite itadakemasu ka ?
定休日はいつですか。	Teikjúbi wa icu desu ka ?
開館(開店)時間はどうなってますか。	Kaikan(Kaiten)džikan wa dó natte imasu ka ?
何時に閉まりますか。	Nandži ni šimarimasu ka ?
入館料(入園料)はいくらですか。	Njúkanrjó(Njúenrjó) wa ikura desu ka ?
学割はききますか。	Gakuwari wa kikimasu ka ?
ここで写真を撮っていいですか。	Koko de šašin wo totte ii desu ka ?

第1部　会話練習編

Kde jsou turistické informace ?
グデ イソウ トゥリスティツケー インフォルマツェ

Je tam anglicky mluvící průvodce ?
イェ タム アングリツキ ムルヴィーツィー プルーヴォッツェ

Máte plán města ?
マーテ プラーン ムニェスタ

Pořádáte výlety ?
ポジャーダーテ ヴィーレティ

Kde je... ?
グデ イェ

Jak se dostanu do... ?
ヤク セ ドスタヌ ド

Můžete mi to na mapě ukázat ?
ムージェテ ミ ト ナ マピェ ウカーザト

Kdy je zavírací den ?
グディ イェ ザヴィーラツィー デン

Jaká je otvírací doba ?
ヤカー イェ オトヴィーラツィー ドバ

V kolik se zavírá ?
フ コリク セ ザヴィーラー

Kolik stojí vstup ?
コリク ストイー フストゥプ

Máte studentskou slevu ? / Platí zde studentská sleva ?
マーテ ストゥデンツコウ スレヴ　プラチー ズデ ストゥデンツカー スレヴァ

Může se tu fotografovat ?
ムージェ セ トゥ フォトグラフォヴァト

(51)

8 市内交通

バス	Basu
市電	Šiden
地下鉄	Čikatecu
切符の自動販売機	Kippu no džidó hanbaiki
駅	Eki
停留所	Teirjúdžo
路線図	Rosenzu
路線	Rosen
検札	Kensacu
罰金	Bakkin

…へは何線が行きますか。 …e wa nanisen ga ikimasu ka ?

この自動販売機でどうやって切符を買えばいいのでしょう。 Kono džidó hanbaiki de dó jatte kippu wo kaeba ii no dešó ?

第1部　会話練習編

8 Městská hromadná doprava

autobus
アウトブス

tramvaj
トランヴァイ

metro
メトロ

automat na lístky
アウトマト　ナ　リースドキ

stanice, nádraží
スタニツェ　ナードラジー

zastávka
ザスターフカ

dopravní schéma
ドプラヴニー　スヘーマ

trasa
トラサ

revize jízdenek
レヴィゼ　イーズデネク

pokuta
ポクタ

Která trasa vede do ... ?
クテラー　トラサ　ヴェデ　ド

Jak mohu koupit jízdenku z tohoto automatu ?
ヤク　モフ　コウピト　イーズデンク　ス　トホト　アウトマトゥ

すみません(通してください)。	Sumimasen. (Tóšite kudasai.)
降ります。	Orimasu.

こんな表現を耳にすることでしょう。

【地下鉄の中で】

Ukončete, prosím, výstup a nástup, dveře se zavírají.

Příští stanice ....

Můstek, přestup na trasu B.

Konečná stanice, prosíme, vystupte.

プラハはチェコで唯一地下鉄が走っている町です。A線B線C線があり、路線図ではそれぞれ緑、黄、赤の3色で表されています。駅の出入り口も通っている路線の色で区別されています。地下鉄以外の公共交通機関としてはバスと市電があります。切符は車内では販売していないのであらかじめtabákと書いてある店か新聞スタンドで買っておきます。また、すべての地下鉄の駅と一部の停留所には自動販売機(automat)があります。60分以内有効で他の交通機関も含めて何度でも乗り換えができる切符(夜8時から朝5時までと、週末や祝日は90分以内)、15分以内有効で乗り換え不可の切符、1日乗車券な

第1部　会話練習編

S dovolením.
ズ　ドヴォレニーム

Vystupuju.
ヴィストゥプユ

乗り降りをおやめください、ドアが閉まります。

次は…です。

ムーステックです。B線をご利用の方はこちらでお乗り換えです。

終点です。こちらでお降りください。

どさまざまな種類の切符がさまざまな値段で売られているので有効に活用したいものです。地下鉄では改札口に切符を入れる機械があり、改札口に入った日付と時間などがプリントされて戻ってきます。バスと市電には車内の数箇所にそのような機械があるので乗車したらまずプリントします。駅の出口や車内では時折検札（revize）があります。手に検察官であることを示すバッジを提示しながら、外国人に対しては大抵英語で"ticket!"と言って、切符を見せるように要求します。その時切符が有効時間を過ぎてしまっていたり、切符をもっていないと罰金（pokuta）を払わなくてはいけません。

9 買い物

ショーウィンドー	Šówindó
違う、別の	Čigau, Becu no
もっと安い	Motto jasui
もっと大きい	Motto ókii
もっとよい	Motto joi
もっと小さい	Motto čiisai
クレジットカード	Kuredžitto kádo
小切手	Kogitte
袋	Fukuro
手提げ袋	Tesagebukuro
お土産	Omijage
骨董品、アンティーク	Kottóhin, Antíku
クリスタルカットグラス	Kurisutaru katto garasu
ガラス	Garasu
磁器	Džiki
人形	Ningjó
貴金属	Kikinzoku
ガーネット	Gánetto

第1部　会話練習編

9 Na nákupech

výloha
ヴィーロハ

jiný
イィヌィー

lacinější
ラツィニェイシー

větší
ヴィエトシー

lepší
レプシー

menší
メンシー

kreditní karta
クレディトニー　カルタ

šek
シェク

sáček
サーチェク

taška
タシュカ

suvenýry
スヴェヌィーリ

starožitnosti
スタロジトノスチ

broušené sklo
ブロウシェネー　スクロ

sklo
スクロ

porcelán
ポルツェラーン

panenka
パネンカ

klenoty
クレノティ

granáty
グラナーティ

レース	Résu

品定め

手伝っていただけますか。	Tecudatte itadakemasu ka?
見ているだけです。	Mite iru dake desu.
これを/あれを見せていただけますか。	Kore wo/Are wo misete itadakemasu ka?
ウィンドーの中の物を見せていただけますか。	Windó no naka no mono wo misete itadakemasu ka?
何かほかの物を見せてください。	Nanika hoka no mono wo misete kudasai.
もっと安い/よい/大きい/小さいのはありませんか。	Motto jasui / joi / ókii / čiisai no wa arimasen ka?
これを代えたいのです。	Kore wo kaetai no desu.

こんな表現を耳にすることでしょう。

Co si přejete?

Co dále? / Ještě něco?

krajka
クライカ

Vybírání

Můžete mi pomoct ?
ムージェテ ミ ポモツト

Já se jen dívám.
ヤー セ イェン ヂーヴァーム

Můžete mi ukázat toto / tamto ?
ムージェテ ミ ウカーザト トト タムト

Můžete mi ukázat to, co je ve výloze ?
ムージェテ ミ ウカーザト ト ツォイェ ヴェ ヴィーロゼ

Můžete mi ukázat něco jiného ?
ムージェテ ミ ウカーザト ニェツォ イイネーホ

Nemáte něco lacinějšího / lepšího / většího / menšího ?
ネマーテ ニェツォ ラツィニェイシーホ レプシーホ ヴィエトシーホ メンシーホ

Chci to vyměnit.
フツィ ト ヴィムニェニト

何がお入り用ですか。

あと何か。

決定

これは私が欲しいものとは違います。	Kore wa wataši ga hošii mono to wa čigaimasu.
これをください。	Kore wo kudasai.
これをいただきます。	Kore wo itadakimasu.
これで全部です。	Kore de zenbu desu.

配達

…ホテルまで届けてください。	…hoteru made todokete kudasai.
この住所へ送ってください。	Kono džúšo e okutte kudasai.
税関で問題になりますか。	Zeikan de mondai ni narimasu ka ?

支払い

おいくらですか。	Oikura desu ka ?
クレジットカード／小切手で支払えますか。	Kuredžitto kádo/Kogitte de šiharaemasu ka ?
袋／手提げ袋をいただけますか。	Fukuro / Tesagebukuro wo itadakemasu ka ?
包んでいただけますか。	Cucunde itadakemasu ka ?

第1部　会話練習編

Rozhodnutí

To není to, co já chci.
ト　ネニー　ト　ツォ　ヤー　フツィ

Dejte mi toto.
デイテ　ミ　トト

Já si to vezmu.
ヤー スィト　ヴェズム

To je všechno.
ト　イェ　フシェフノ

Doručení

Doručte mi to do hotelu....
ドルチテ　ミ　ト　ド　ホテル

Pošlete mi to, prosím, na tuto adresu.
ポシュレテ　ミ　ト　プロスィーム　ナ　トゥト　アドレス

Budu mít problémy na celnici ?
ブドゥ　ミート　プロブレーミ　ナ　ツェルニツィ

Poplatky

Kolik to stojí ?
コリク　ト　ストイー

Mohu platit kreditní kartou / šekem ?
モフ　プラチト　クレディトニー　カルトウ　シェケム

Můžete mi dát sáček / tašku ?
ムージェテ　ミ　ダートサーチェク　タシュク

Můžete mi to, prosím, zabalit ?
ムージェテ　ミ　ト　プロスィーム　ザバリト

(61)

| 領収書をいただけますか。 | Rjóšúšo wo itadakemasu ka ? |

　お店の営業時間はまちまちですが、大抵はドアに営業時間が書いてあります。曜日は最初の2文字だけで表します。

例えば、　　PO − PÁ　：　8 − 18
　　　　　　SO　　　：　9 − 13
　　　　　　NE　　　：　 −

となっていたら、月曜日(pondělí)から金曜日(pátek)は朝8時から夕方6時まで、土曜日(sobota)は9時から午後1時まで営業し、日曜日(neděle)はお休みということです。

第1部　会話練習編

Můžete mi dát účtenku ?
ムージェテ　ミ ダート ウーチテンク

聖母マリア巡礼教会　Křtiny

10 訪問

招待	Šótai
もう	Mó
トイレ	Toire
注意深い	Čúibukai

お招き下さってどうもありがとうございます。
Omaneki kudasatte dómo arigató gozaimasu.

【おみやげを渡すときに】
どうぞ。
Dózo.

つまらないものですが。
Cumaranai mono desu ga.

乾杯!
Kanpai !

【注いでもらったりよそってもらったときに】

そのくらいで、ありがとうございます。
Sono kurai de, arigató gozaimasu.

もう充分いただきました。
Mó džúbun itadakimašita.

お手洗いを使わせていただけますか。
Otearai wo cukawasete itadakemasu ka ?

10 Návštěva

pozvání
ポズヴァーニー
už
ウシュ
záchod
ザーホト
opatrný
オパトゥルヌィー

Děkuji vám za pozvání.
ヂェクイ ヴァーム ザ ポズヴァーニー

To je pro vás.
ト イェ プロ ヴァース
To je malá pozornost pro vás.
ト イェ マラー ポゾルノスト プロ ヴァース
Na zdraví!
ナ ズドラヴィー

Děkuji, to stačí.
ヂェクイ ト スタチー

Už mám dost.
ウシュ マーム ドスト
Mohu si dojít na záchod?
モフ スィドイート ナ ザーホト

そろそろおいとましなくてはなりません。	Soro soro oitoma šinakute wa narimasen.
お電話使わせていただけますか。	Odenwa cukawasete itadakemasu ka?
駅まで送っていただけますか。	Eki made okutte itadakemasu ka?

こんな表現を耳にすることでしょう。

Pojd'te dál.

Odložte si, prosím.

Seděte si. / Posad'te se.

Udělejte si pohodlí.

Počkejte chvíli. / Okamžik. / Moment, prosím.

Co si dáte ?

Vezměte si. / Berte si.

Dobrou chut'!

Děkujeme za návštěvu.

Bud'te opatrný / -á.*　　Šťastnou cestu.

*男の人はopatrnýと、 女の人はopatránと言われます。

第1部　会話練習編

Už budu muset pomalu jít.
ウシュ　ブドゥ　ムセト　ポマル　イート

Mohu si od vás zavolat ?
モフ　スィ オド ヴァース ザヴォラト

Můžete mě doprovodit na stanici ?
ムージェテ　ムニェ　ドプロヴォヂト　ナ　スタニツィ

どうぞお入り下さい。

コートをお脱ぎ下さい。

おかけになって下さい。

楽にして下さい。

少々お待ち下さい。

何になさいますか。

お取り下さい。

どうぞ、召し上がって下さい。

おいで下さってありがとうございました。

気をつけてお帰り下さい。

11 通信

郵便局	Júbinkjoku
切手	Kitte
絵葉書	Ehagaki
手紙	Tegami
小包	Kozucumi
封筒	Fútó
便箋	Binsen
航空便で	Kókúbin de
船便で	Funabin de
速達で	Sokutacu de
書留で	Kakitome de
書留受領証	Kakitome džurjóšó
郵便局は何時に開きますか/閉まりますか。	Júbinkjoku wa nandži ni akimasu ka / šimarimasu ka ?
この手紙/絵葉書のための切手を下さい。	Kono tegami / ehagaki no tame no kitte wo kudasai.

11 Pošta, telefon, fax

pošta
ポシュタ

známka
ズナームカ

pohlednice / pohled(口語)
ポフレドニツェ　　ポフレト

dopis
ドピス

balíček
バリーチェク

obálka
オバールカ

dopisní papír
ドピスニー　パピール

letecky
レテツキ

lodí / obyčejně
ロヂー　オビチェイニェ

expres
エクスプレス

doporučeně
ドポルチェニェ

podací lístek
ポダツィー　リーステク

V kolik hodin otevírají / zavírají na poště?
フ　コリク　ホヂン　オテヴィーライー　ザヴィーライー　ナ　ポシュチェ

Známku na tento dopis / pohled, prosím.
ズナームク　ナ　テント　ドピス　ポフレト　プロスィーム

日本まで手紙はいくらですか。	Nihon made tegami wa ikura desu ka ?
郵便ポストはどこですか。	Júbin posuto wa doko desu ka ?
この小包を送りたいのですが。	Kono kozucumi wo okuritai no desu ga.
これを航空便で / 速達で / 書留で送りたいのですが。	Kore wo kókúbin de / sokutacu de / kakitome de okuritai no desu ga.

こんな表現を耳にすることでしょう。

Vyplňte podací lístek.

電話	Denwa
電話番号	Denwa bangó
電話帳	Denwačó
内線	Naisen
まちがい電話	Mačigai denwa
日本へ電話をかけたいのです。	Nihon e denwa wo kaketai no desu.

第 1 部　会話練習編

Kolik stojí dopis do Japonska ?
コリク　ストイー　ドピス　ド　ヤポンスカ

Kde je poštovní schránka ?
グデ　イェ　ポシュトヴニー　スフラーンカ

Chci poslat tento balíček.
フツイ　ポスラト　テント　バリーチェク

Chci toto poslat letecky / expres / doporučeně.
フツイ　トト　ポスラト　レテツキ　エクスプレス　ドポルチェニェ

書留受領証に記入してください。

telefon
テレフォン
telefonní číslo
テレフォニー　チースロ
seznam
セズナム
linka
リンカ
omyl
オミル

Chci telefonovat do Japonska.
フツイ　テレフォノヴァト　ド　ヤポンスカ

(71)

この辺りの一番近い電話ボックスはどこですか。	Kono atari no ičiban čikai denwa bokkusu wa doko desu ka?
テレホンカードはどこで買えますか。	Terehon kádo wa doko de kaemasu ka?
この番号にかけていただけますか。	Kono bangó ni kakete itadakemasu ka?
お宅のお電話を使わせていただけますか。	Otaku no odenwa wo cukawasete itadakemasu ka?
コレクトコールでかけたいのですが。	Korekuto kóru de kaketai no desu ga.
もしもし、こちらは…です。	Moši moši, kočira wa ... desu.
…さんとお話しできますか。	... san to ohanaši dekimasu ka?
内線…番をお願いします。	Naisen ...ban wo onegai šimasu.
すみません、まちがえました。	Sumimasen, mačigaemašita.

第1部　会話練習編

Kde je tady nejbližší telefonní budka ?
グデ　イェ　タディ　ネイブリッシー　テレフォニー　ブトカ

Kde si mohu koupit telefonní kartu ?
グデ　スィ　モフ　コウピト　テレフォニー　カルトゥ

Můžete mi zavolat na toto číslo ?
ムージェテ　ミ　ザヴォラト　ナ　トト　チースロ

Mohu si od vás zatelefonovat ?
モフ　スィ オド ヴァース　ザテレフォノヴァト

Chci mít hovor na účet volaného.
フツィ　ミート　ホヴォル　ナ　ウーチェト　ヴォラネーホ

Haló. Tady je ....
ハロー　タディ　イェ

Mohu mluvit s ...?
モフ　ムルヴィト　ス

Prosím linku ....
プロスィーム　リンク

Promiňte, to je omyl.
プロミンテ　ト　イェ　オミル

(73)

もっと大きな声で／ゆっくりと話していただけますか。	Motto ókina koe de / jukkuri to hanašite itadakemasu ka ?
またのちほど／明日お電話差し上げます。	Mata nočihodo / asu odenwa sašiagemasu.
伝言をお願いしてもいいですか。	Dengon wo onegai šite mo ii desu ka ?

こんな表現を耳にすることでしょう。

Prosím. Novák.

Moment. / Okamžik.

S kým mluvím, prosím ?

Můžete zavolat později ?

Zavolejte zítra.

Po zaznění signálu zanechte vzkaz.

ファックス	Fakkusu
発信元	Haššinmoto
宛て先	Atesaki
発信日	Haššinbi
用件	Jóken

第1部　会話練習編

Můžete mluvit hlasitěji / pomaleji ?
ムージェテ　ムルヴィト　フラスィチェイ　ポマレイ

Zavolám znovu později / zítra.
ザヴォラーム　ズノヴゥ　ポズヂェイ　ズィートラ

Mohu nechat vzkaz ?
モフ　ネハト　フスカス

はい。ノヴァークです。
少々お待ちください。
どちら様ですか。
のちほどお電話していただけますか。
明日おかけください。
発信音の後でメッセージをどうぞ。

fax
ファクス
od
オトゥ
komu
コム
datum
ダトゥム
věc
ヴィエツ

原稿枚数（当送付書を含め）：…枚	Genkó maisú (tósófušo wo fukume): ...mai
ファックスを送りたいのですが。	Fakkusu wo okuritai no desu ga.
ファックスを送るのにいくらかかりますか。	Fakkusu wo okuru no ni ikura kakarimasu ka ?
ファックスをお持ちですか。	Fakkusu wo omoči desu ka ?
お宅のファックス番号は何番ですか。	Otaku no fakkusu bangó wa nanban desu ka?
このファックスは読めません。	Kono fakkusu wa jomemasen.
このファックスをもう一度送ってください。	Kono fakkusu wo mó ičido okutte kudasai.

チェコから日本への電話のかけかた：
00の後に国番号（日本は81）、その後に市外局番（最初の0は取り去ります）、それから市内局番と番号となりま

第1部 会話練習編

... stran(y)* včetně této
ストラン(ヌイ) フチェトニェ テート

Chtěl(a)** bych poslat fax.
フチェル(ラ) ビフ ポスラト ファクス

Kolik stojí poslat fax ?
コリク ストイー ポスラト ファクス

Máte fax ?
マーテ ファクス

Jaké je vaše faxové číslo ?
ヤケー イェ ヴァシェ ファクソヴェー チースロ

Nemohu přečíst ten fax.
ネモフ プシェチースト テン ファクス

Pošlete tento fax znovu, prosím.
ポシュレテ テント ファクス ズノヴウ プロスィーム

*5枚以上ならstranと、2枚から4枚はstranyとなります。1枚だけ
のときはstrana です。
ストラン / ストラヌイ / ストラナ
**男の人はChtělと、女の人はChtělaと言います。
フチェル / フチェラ

す。ですから、03-5678-1234番へはチェコからなら次
のようにかけます。

00-81-3-5678-1234

12 医療

事故	Džiko
救急車	Kjúkjúša
医者	Iša
薬局	Jakkjoku
病院	Bjóin
外科	Geka
怪我	Kega
打撲	Daboku
骨折	Kossecu
やけど	Jakedo
内科	Naika
病気	Bjóki
インフルエンザ	Infuruenza
扁桃腺炎	Hentósen`en
肺炎	Haien
咳	Seki
鼻水	Hanamizu

第1部 会話練習編

12 U lékaře

nehoda
ネホダ

sanitka
サニトカ

doktor / lékař
ドクトル　レーカシュ

lékárna
レーカールナ

nemocnice
ネモツニツェ

chirurgické oddělení
ヒルルギツケー　オッヂェレニー

zranění
ズラニェニー

pohmožděnina
ポフモジュヂェニナ

zlomenina
ズロメニナ

popálenina
ポパーレニナ

interní oddělení
インテルニー　オッヂェレニー

nemoc
ネモツ

chřipka
フジプカ

angína
アンギーナ

zápal plic
ザーパル　プリツ

kašel
カシェル

rýma
リーマ

熱	Necu
婦人科	Fudžinka
産科	Sanka

怪我

お医者さん/救急車を呼んでください。	Oišasan / Kjúkjúša wo jonde kudasai.
ここで事故が起きました。	Koko de džiko ga okimašita.
(この人には)意識がありません。	(Kono hito ni wa) Išiki ga arimasen.
出血しています。	Šukkecu šite imasu.
(この人は)大怪我をしています。	(Kono hito wa) Ókega wo šite imasu.
やけどしました。	Jakedo šimašita.
手を動かせません。	Te wo ugokasemasen.
ここが痛いのです。	Koko ga itai no desu.
病院へ連れて行ってください。	Bjóin e curete itte kudasai.
1番近くの薬局はどこですか。	Ičiban čikaku no jakkjoku wa doko desu ka？

teplota / horečka
テプロタ　　ホレチカ

gynekologické oddělení
ギネコロギツケー　　オッヂェレニー

porodnické oddělení
ポロドニツケー　　オッヂェレニー

Zranění

Zavolejte doktora / sanitku !
ザヴォレイテ　　ドクトラ　　　サニトク

Tady se stala nehoda.
タディ　セ　スタラ　　ネホダ

Je v bezvědomí.
イェ ヴ　ベズヴィエドミー

Krvácí.
クルヴァーツィー

Je vážně zraněný /zraněná.*
イェ ヴァージュニェ ズラニェヌィー ズラニェナー

Jsem popálený / popálená.*
イセム　ポパーレヌィー　　ポパーレナー

Nemohu hýbat rukou.
ネモフ　　ヒーバト　　ルコウ

Tady mě to bolí.
タディ　ムニェ ト　ボリー

Vezměte mě do nemocnice.
ヴェズムニェテ ムニェ ド　ネモツニツェ

Kde je nejbližší lékárna ?
グデ　イェ ネイブリッシー　　レーカールナ

*男の人の時は zraněný, popálený と、
　　　　　　　　ズラニェヌィー　ポパーレヌィー
女の人の時は zraněná, popálená と言います。
　　　　　　ズラニェナー　ポパーレナー

だれか日本語を話せる人はいますか。	Dareka nihongo wo hanaseru hito wa imasu ka?

病気

気分が悪いのです。	Kibun ga warui no desu.
めまいがします。	Memai ga šimasu.
食欲が ありません。	Šokujoku ga arimasen.
胃の具合が悪いのです。	I no guai ga warui no desu.
悪寒がします。	Okan ga šimasu.
熱があります。	Necu ga arimasu.
吐きました。	Hakimašita.
便秘／下痢しています。	Benpi / Geri šite imasu.
これが普段飲んでいる薬です。	Kore ga fudan nonde iru kusuri desu.
私は抗生物質／ペニシリンのアレルギーです。	Wataši wa kósei buššicu / peniširin no arerugí desu.
強すぎるものは欲しくありません。	Cujosugiru mono wa hošiku arimasen.

第1部　会話練習編

Je tady někdo mluvící japonsky ?
イェ タデイ　ニェグド ムルヴィーツィー　ヤポンスキ

Nemoc

Necítím se dobře.
ネツィーチーム セ ドブジェ

Mám závrat'.
マーム　ザーヴラチ

Nemám chut' k jídlu.
ネマーム　フチ　クィードル

Je mi špatně od žaludku.
イェ ミ シュパトニェ オド ジャルトク

Mám zimnici.
マーム ズィムニツィ

Mám teplotu / horečku.
マーム テプロトゥ　ホレチク

Zvracel(a)* jsem.
ズヴラツェル(ラ)　イセム

Mám zácpu / průjem.
マーム ザーツプ　プルーイェム

Tento lék beru obyčejně.
テント レーク ベル オビチェイニェ

Jsem alergický (alergická)* na určitá antibiotika / penicilín.
イセム　アレルギツキー(アレルギツカー)　ナ ウルチター アンティビオティカ　ペニツィリーン

Nechci nic silného.
ネフツィ　ニツ スィルネーホ

*男の人はZvracel, alergickýと、　女の人はZvracela, alergickáと言います。
　　ズヴラツェル　アレルギツキー　　　　　　　　ズヴラツェラ　アレルギツカー

(83)

１日何回服用しなくてはなりませんか。	Ičiniči nankai fukujó šinakute wa narimasen ka？
どのくらいで全快しますか。	Dono kurai de zenkai šimasu ka？
何日くらい安静が必要ですか。	Nanniči kurai ansei ga hicujó desu ka？
旅行を続けてもよいでしょうか。	Rjokó wo cuzukete mo joi dešó ka？

こんな表現を耳にすることでしょう。

Co je vám？

Kde vás to bolí？

Změřím vám teplotu.

Dám vám injekci.

Není to nic vážného.

Zlomil(a)* jste si ruku / nohu.

Máte vyvrknutý kotník.

Předepíšu vám léky.

Musíte hned nastoupit do nemocnice.

Brzy se uzdravte！

*男の人はZlomilと、女の人はZlomilaと言われます。

第1部　会話練習編

Kolikrát denně to mám brát ?
コリクラート　デンニェ　ト　マーム　ブラート

Kdy se uzdravím ?
グディ　セ ウズドラヴィーム

Kolik dnů mám být v klidu ?
コリク　ドゥヌー　マーム　ビート フ クリドゥ

Mohu pokračovat v cestě ?
モフ　　ポクラチョヴァト　フ ツェスチェ

どうなさいましたか。
どこが痛みますか。
熱を測りましょう。
注射をしましょう。
心配ありません。
手を／足を骨折していますね。
足首を捻挫しています。
処方箋を書きます。
すぐ入院しなくてはなりません。
お大事に。

支払い

診断書を書いていただけますか。	Šindanšo wo kaite itadakemasu ka?
医療保険には入っています。	Irjó hoken ni wa haitte imasu.
保険のためにこの書類に記入していただけますか。	Hoken no tame ni kono šorui ni kinjú šite itadakemasu ka?

13 困ったときに

警察	Keisacu
消防	Šóbó
救急車	Kjúkjúša
助けて！	Tasukete!
火事だ！	Kadži da!
どろぼう！	Dorobó!
警察を呼んで下さい。	Keisacu wo jonde kudasai.
遺失物保管所はどこですか。	Išicubucu hokandžo wa doko desu ka?

第1部　会話練習編

Poplatky

Můžete mi napsat lékařskou zprávu?
ムージェテ　ミ　ナプサトゥ　レーカシュスコウ　スプラーヴゥ

Mám nemocenské pojištění.
マーム　ネモツェンスケー　ポイシュチェニー

Můžete vyplnit tento formulář pro pojištění?
ムージェテ　ヴィプルニト　テント　フォルムラーシュ　プロ　ポイシュチェニー

13　V nouzi

policie
ポリツィエ
požárníci
ポジャールニーツィ
sanitka
サニトカ
Pomoc!
ポモツ
Hoří!
ホジー
Zloděj!
ズロヂェイ

Zavolejte policii!
ザヴォレイテ　ポリツィイ
Kde jsou ztráty a nálezy?
グデ　イソウ　ストラーティア　ナーレズィ

(87)

警察はどこですか。	Keisacu wa doko desu ka?
財布を／パスポートを盗まれました。	Saifu wo / Pasupóto wo nusumaremašita.
トラベラーズチェックを／カメラををなくしました。	Toraberázu čekku wo / Kamera wo nakušimašita.
私の荷物がみあたりません。	Wataši no nimocu ga miatarimasen.
事故証明書をください。	Džiko šómeišo wo kudasai.
盗難証明書を作ってください。	Tónan šómeišo wo cukutte kudasai.
保険のための申告書が要ります。	Hoken no tame no šinkokušo ga irimasu.
日本大使館に連絡を取ってください。	Nihon taišikan ni renraku wo totte kudasai.
通訳を呼んでください。	Cújaku wo jonde kudasai.

```
緊急時の電話番号：
  警察    １５８
  消防    １５０
  救急    １５５
```

第1部 会話練習編

Kde je policejní stanice ?
グデ イェポリツェイニー スタニツェ

Někdo mi ukradl peněženku / pas.
ネグド ミ ウクラドル ペニェジェンク パス

Ztratil(a)* jsem cestovní šeky / fotoaparát.
ストラチル(ラ) イセム ツェストヴニー シェキ フォトアパラート

Nemohu najít svoje zavazadlo.
ネモフ ナイート スヴォイェ ザヴァザドロ

Dejte mi potvrzení o nehodě.
デイテ ミ ポトゥヴルゼニー オ ネホヂェ
Dejte mi potvrzení o odcizení.
デイテ ミ ポトゥヴルゼニー オ オッツィゼニー

Potřebuji potvrzení kvůli pojištění.
ポトシェブイ ポトゥヴルゼニー クヴーリ ポイシュチェニー

Zavolejte, prosím, japonské velvyslanectví !
ザヴォレイテ プロスィーム ヤポンスケー ヴェルヴィスラネツトヴィー

Zavolejte tlumočníka !
ザヴォレイテ トゥルモチニーカ

*男の人はZtratil、女の人はZtratilaと言います。
 ストラチル   ストラチラ

(89)

駅の喫茶室入口　Veselí nad Moravou　近郊

第 2 部

文型練習編

1 Teď je / jsou ～ .
　今　～時～分です。

je jedna pět	1時 5 分
jsou dvě deset	2時10分
jsou tři patnáct	3時15分
jsou čtyři dvacet	4時20分
je pět dvacet pět	5時25分
je šest třicet	6時30分
je sedm třicet pět	7時35分
je osm čtyřicet	8時40分
je devět čtyřicet pět	9時45分
je deset padesát	10時50分
je jedenáct padesát pět	11時55分
je dvanáct pět	12時 5 分
je půl druhé	1時半
je půl třetí	2時半
je půl čtvrté	3時半
je půl páté	4時半
je půl šesté	5時半

第 2 部　文型練習編

je půl sedmé	6時半
je půl osmé	7時半
je půl deváté	8時半
je půl desáté	9時半
je půl jedenácté	10時半
je půl dvanácté	11時半
je půl jedné	12時半
je čtvrt na dvě	1時15分
je čtvrt na tři	2時15分
je čtvrt na čtyři	3時15分
je čtvrt na pět	4時15分
je čtvrt na šest	5時15分
je čtvrt na sedm	6時15分
je čtvrt na osm	7時15分
je čtvrt na devět	8時15分
je čtvrt na deset	9時15分
je čtvrt na jedenáct	10時15分
je čtvrt na dvanáct	11時15分
je čtvrt na jednu	12時15分

2 Vlak odjíždí v(e) ～ .
　列車は～時～分に出発します。

v jednu hodinu a tři minuty	1時 3 分
ve dvě hodiny a šest minut	2時 6 分
ve tři hodiny a devět minut	3時 9 分
ve čtyři hodiny a dvanáct minut	4時12分
v pět hodin a patnáct minut	5時15分
v šest hodin a osmnáct minut	6時18分
v sedm hodin a dvacet jedna minut	7時21分
v osm hodin a dvacet čtyři minut	8時24分
v devět hodin a dvacet sedm minut	9時27分
v deset hodin a třicet minut	10時30分
v jedenáct hodin a třicet tři minut	11時33分
ve dvanáct hodin a třicet šest minut	12時36分
v půl druhé	1時半
v půl třetí	2時半
v půl čtvrté	3時半
v půl páté	4時半
v půl šesté	5時半

v půl sedmé	6時半
v půl osmé	7時半
v půl deváté	8時半
v půl desáté	9時半
v půl jedenácté	10時半
v půl dvanácté	11時半
v půl jedné	12時半
ve čtvrt na dvě	1時15分
ve čtvrt na tři	2時15分
ve čtvrt na čtyři	3時15分
ve čtvrt na pět	4時15分
ve čtvrt na šest	5時15分
ve čtvrt na sedm	6時15分
ve čtvrt na osm	7時15分
ve čtvrt na devět	8時15分
ve čtvrt na deset	9時15分
ve čtvrt na jedenáct	10時15分
ve čtvrt na dvanáct	11時15分
ve čtvrt na jednu	12時15分

3 Dnes je... ～ .
今日は～月 ... 日です。

prvního	1日	ledna (←leden)	1月
druhého	2日		
třetího	3日	února (←únor)	2月
čtvrtého	4日		
pátého	5日	března (←březen)	3月
šestého	6日		
sedmého	7日	dubna (←duben)	4月
osmého	8日		
devátého	9日	května (←květen)	5月
desátého	10日		
jedenáctého	11日	června (←červen)	6月
dvanáctého	12日		
třináctého	13日	července (←červenec)	7月
čtrnáctého	14日		
patnáctého	15日	srpna (←srpen)	8月
šestnáctého	16日		
sedmnáctého	17日	září (←září)	9月
osmnáctého	18日		

devatenáctého	19日	října (←říjen)	10月
dvacátého	20日		
dvacátého prvního	21日	listopadu (←listopad)	11月
dvacátého druhého	22日		
dvacátého třetího	23日	prosince (←prosinec)	12月
dvacátého čtvrtého	24日		
dvacátého pátého	25日		
dvacátého šestého	26日		
dvacátého sedmého	27日		
dvacátého osmého	28日		
dvacátého devátého	29日		
třicátého	30日		
třicátého prvního	31日		

4 Odjíždím … ~ .

~月 ... 日に出発します。

prvního	1日	ledna (← leden)	1月
druhého	2日		
třetího	3日	února (← únor)	2月
čtvrtého	4日		
pátého	5日	března (← březen)	3月
šestého	6日		
sedmého	7日	dubna (← duben)	4月
osmého	8日		
devátého	9日	května (← květen)	5月
desátého	10日		
jedenáctého	11日	června (← červen)	6月
dvanáctého	12日		
třináctého	13日	července (← červenec)	7月
čtrnáctého	14日		
patnáctého	15日	srpna (← srpen)	8月
šestnáctého	16日		
sedmnáctého	17日	září (← září)	9月
osmnáctého	18日		

devatenáctého	19日	října (← říjen)	10月
dvacátého	20日		
dvacátého prvního	21日	listopadu (←listopad)	11月
dvacátého druhého	22日		
dvacátého třetího	23日	prosince (← prosinec)	12月
dvacátého čtvrtého	24日		
dvacátého pátého	25日		
dvacátého šestého	26日		
dvacátého sedmého	27日		
dvacátého osmého	28日		
dvacátého devátého	29日		
třicátého	30日		
třicátého prvního	31日		

o Velikonocích (← Velikonoce)	イースター
o Vánocích (← Vánoce)	クリスマス
na Nový rok (← Nový rok)	新年

5 Dnes je ～．

今日は～曜日です。

pondělí	月曜日
úterý	火曜日
středa	水曜日
čtvrtek	木曜日
pátek	金曜日
sobota	土曜日
neděle	日曜日

第 2 部　文型練習編

6　Odjíždím v(e) ～ .
～曜日に出発します。

v pondělí	月曜日
v úterý	火曜日
ve středu	水曜日
ve čtvrtek	木曜日
v pátek	金曜日
v sobotu	土曜日
v neděli	日曜日

チェコでクリスマス料理といえば鯉(kapr)。
シーズンになると街角では鯉を売る風景が見られる。

7 Teď je ～．
今は～月です。

leden	1月
únor	2月
březen	3月
duben	4月
květen	5月
červen	6月
červenec	7月
srpen	8月
září	9月
říjen	10月
listopad	11月
prosinec	12月
jaro	春
léto	夏
podzim	秋
zima	冬

8 Odjíždím ～.
～月に出発します。

v lednu	1月
v únoru	2月
v březnu	3月
v dubnu	4月
v květnu	5月
v červnu	6月
v červenci	7月
v srpnu	8月
v září	9月
v říjnu	10月
v listopadu	11月
v prosinci	12月
na jaře	春
v létě	夏
na podzim	秋
v zimě	冬

9 To se stalo v roce / roku 〜．
それは〜年に起こりました。

devět set dvacet jedna	921年
třináct set čtyřicet osm	1348年
šestnáct set dvacet	1620年
osmnáct set čtyřicet osm	1848年
devatenáct set osmnáct	1918年
devatenáct set třicet devět	1939年
devatenáct set čtyřicet osm	1948年
devatenáct set šedesát osm	1968年
devatenáct set devadesát tři	1993年

Olympijské hry budou v roce / roku 〜．
　〜年にオリンピックがあるでしょう。

dva tisíce	2000年
dva tisíce dva	2002年

第 2 部　文型練習編

10 Jsem 〜.

私は〜人です。

男	/	女	
Američan	/	Američanka	アメリカ人
Angličan	/	Angličanka	イギリス人
Argentinec	/	Argentinka	アルゼンチン人
Australan	/	Australanka	オーストラリア人
Brazilec	/	Brazilka	ブラジル人
Bulhar	/	Bulharka	ブルガリア人
Čech	/	Češka	チェコ人
Číňan	/	Číňanka	中国人
Dán	/	Dánka	デンマーク人
Fin	/	Finka	フィンランド人
Francouz	/	Francouzka	フランス人
Chorvat	/	Chorvatka	クロアチア人
Ind	/	Indka	インド人
Ital	/	Italka	イタリア人
Japonec	/	Japonka	日本人
Kanaďan	/	Kanaďanka	カナダ人
Korejec	/	Korejka	韓国人

Maďar / Maďarka		ハンガリー人
Makedonec / Makedonka		マケドニア人
Mexičan / Mexičanka		メキシコ人
Němec / Němka		ドイツ人
Nor / Norka		ノルウェー人
Polák / Polka		ポーランド人
Portugalec / Portugalka		ポルトガル人
Rakušan / Rakušanka		オーストリア人
Rumun / Rumunka		ルーマニア人
Rus / Ruska		ロシア人
Řek / Řekyně		ギリシア人
Slovák / Slovenka		スロヴァキア人
Slovinec / Slovinka		スロヴェニア人
Srb / Srbka		セルビア人
Španěl / Španělka		スペイン人
Švéd / Švédka		スウェーデン人
Švýcar / Švýcarka		スイス人
Turek / Turkyně		トルコ人
Ukrajinec / Ukrajinka		ウクライナ人
Vietnamec / Vietnamka		ヴェトナム人
Žid / Židovka		ユダヤ人

11 To je ... ～.
これは ... の～です。

můj	私の	dědeček	祖父
tvůj	君の	otec	父
jeho	彼の	strýc	おじ
její	彼女の	bratr	兄 / 弟
náš	私たちの	bratranec	従兄弟
váš	君たち / あなたの	muž / manžel	夫
jejich	彼らの	syn	息子
		synovec	甥
		vnuk	孫(男)
moje	私の	babička	祖母
tvoje	君の	matka	母
jeho	彼の	teta	おば
její	彼女の	sestra	姉 / 妹
naše	私たちの	sestřenice	従姉妹
vaše	君たち / あなたの	žena / manželka	妻
jejich	彼らの	dcera	娘
		neteř	姪
		vnučka	孫(女)

12 Bolí mě ... 〜.
私は〜が痛いです。

bok	わきばら
břicho	おなか
hlava	頭
loket	ひじ
koleno	ひざ
kotník	足首
noha / nohy	(片)足 / 両足
oko / oči	(片)目 / 両目
rameno	肩
ruka / ruce	(片)手 / 両手
ucho / uši	(片)耳 / 両耳
záda	背中
zub	歯
v krku (← krk)	のど

13 Jsem z(e) 〜.

私は〜出身です。

z Ameriky	(← Amerika)	アメリカ
z Anglie	(← Anglie)	イギリス
z Argentiny	(← Argentina)	アルゼンチン
z Austrálie	(← Austrálie)	オーストラリア
z Brazílie	(← Brazílie)	ブラジル
z Bulharska	(← Bulharsko)	ブルガリア
z Čech	(← Čechy)	チェコ、ボヘミア
z České republiky	(← Česká republika)	チェコ共和国
z Číny	(← Čína)	中国
z Dánska	(← Dánsko)	デンマーク
z Finska	(← Finsko)	フィンランド
z Francie	(← Francie)	フランス
z Chorvatska	(← Chorvatsko)	クロアチア
z Indie	(← Indie)	インド
z Itálie	(← Itálie)	イタリア
z Japonska	(← Japonsko)	日本
z Jižní Koreje	(← Jižní Korea)	韓国
z Kanady	(← Kanada)	カナダ

z Maďarska	(← Maďarsko)	ハンガリー
z Makedonie	(← Makedonie)	マケドニア
z Mexika	(← Mexiko)	メキシコ
z Německa	(← Německo)	ドイツ
z Norska	(← Norsko)	ノルウェー
z Polska	(← Polsko)	ポーランド
z Portugalska	(← Portugalsko)	ポルトガル
z Rakouska	(← Rakousko)	オーストリア
z Rumunska	(← Rumunsko)	ルーマニア
z Řecka	(← Řecko)	ギリシア
ze Slovenska	(← Slovensko)	スロヴァキア
ze Slovinska	(← Slovinsko)	スロヴェニア
ze Srbska	(← Srbsko)	セルビア
ze Španělska	(← Španělsko)	スペイン
ze Švédska	(← Švédsko)	スウェーデン
ze Švýcarska	(← Švýcarsko)	スイス
z Turecka	(← Turecko)	トルコ
z Ukrajiny	(← Ukrajina)	ウクライナ
z Vietnamu	(← Vietnam)	ヴェトナム

14 Mám zájem o ～ .
私は～に興味があります。

architekturu	(← architektura)	建築
cestování	(← cestování)	旅行
dějiny	(← dějiny)	歴史
divadlo	(← divadlo)	演劇
ekologii	(← ekologie)	環境問題
hospodářství	(← hospodářství)	経済
hudbu	(← hudba)	音楽
chemii	(← chemie)	化学
kulturu	(← kultura)	文化
literaturu	(← literatura)	文学
matematiku	(← matematika)	数学
politiku	(← politika)	政治
umění	(← umění)	芸術
výchovu	(← výchova)	教育
zemědělství	(← zemědělství)	農業

15 Je to 〜.

それは〜にあります。

blízko	近く
daleko	遠く
dole	下
nahoře	上
naproti	向かい側
tady	ここ
tam	そこ
venku	外
vlevo	左
vpravo	右

16 Jděte 〜.

〜へ行って下さい。

doleva	左
dolů	下
doprava	右
nahoru	上
rovně	まっすぐ
tam	そこ

Pojď te sem.　　　　　　ここへ来て下さい。

カレル橋(Karlův most)よりお城(Hradčany)を見る。Praha

17 Pracuju v(e) / na ～.
私は～で働いています。

v bance	(← banka)	銀行
v divadle	(← divadlo)	劇場
na fakultě	(← fakulta)	学部
u firmy/ve firmě	(← firma)	会社
v galerii	(← galerie)	美術館
v hospodě	(← hospoda)	居酒屋
v hotelu	(← hotel)	ホテル
v kanceláři	(← kancelář)	事務所
v kavárně	(← kavárna)	喫茶店
v knihkupectví	(← knihkupectví)	本屋
v knihovně	(← knihovna)	図書館
v lékárně	(← lékárna)	薬局
na letišti	(← letiště)	空港
v muzeu	(← muzeum)	博物館
na nádraží	(← nádraží)	駅
v nemocnici	(← nemocnice)	病院
v obchodě	(← obchod)	店
v pojišťovně	(← pojišťovna)	保険会社

第2部 文型練習編

na poště	(← pošta)	郵便局
v restauraci	(← restaurace)	レストラン
v samoobsluze	(← samoobsluha)	スーパーマーケット
u soudu	(← soud)	裁判所
ve škole	(← škola)	学校
na trhu	(← trh)	市場
na univerzitě	(← univerzita)	大学
na úřadě	(← úřad)	役所
v ústavu	(← ústav)	研究所
na velvyslanectví	(← velvyslanectví)	大使館
v závodě / na závodě	(← závod)	工場

市立図書館入り口　Olomouc

18 Jdu do / na 〜.
〜へ（歩いて）行くところです。

do banky	(← banka)	銀行
do divadla	(← divadlo)	劇場
na fakultu	(← fakulta)	学部
do firmy	(← firma)	会社
do galerie	(← galerie)	美術館
do hospody	(← hospoda)	居酒屋
do hotelu	(← hotel)	ホテル
do kanceláře	(← kancelář)	事務所
do kavárny	(← kavárna)	喫茶店
do knihkupectví	(← knihkupectví)	本屋
do knihovny	(← knihovna)	図書館
do lékárny	(← lékárna)	薬局
do muzea	(← muzeum)	博物館
na nádraží	(← nádraží)	駅
do nemocnice	(← nemocnice)	病院
do obchodu	(← obchod)	店
do pojišťovny	(← pojišťovna)	保険会社
na poštu	(← pošta)	郵便局

do restaurace	(← restaurace)	レストラン
do samoobsluhy	(← samoobsluha)	スーパーマーケット
k soudu	(← soud)	裁判所
do školy	(← škola)	学校
na trh	(← trh)	市場
na univerzitu	(← univerzita)	大学
na úřad	(← úřad)	役所
do ústavu	(← ústav)	研究所
na velvyslanectví	(← velvyslanectví)	大使館
do závodu / na závod	(← závod)	工場

薬局の看板

19 Jedu 〜.
〜で行きます。

autem	(← auto)	自動車
autobusem	(← autobus)	バス
na kole	(← kolo)	自転車
lodí	(← loď)	船
metrem	(← metro)	地下鉄
na motorce	(← motorka)	バイク
taxíkem	(← taxík)	タクシー
tramvají	(← tramvaj)	市電
vlakem	(← vlak)	列車
Letím letadlem.	(← letadlo)	飛行機で行きます。
Jdu pěšky.		徒歩で行きます。

20 Mluvím ～ .　　　　　　　Nemluvím ～ .
　～語を話します。　　　　　～語は話しません。
　Píšu ～ .　　　　　　　　　Nepíšu ～ .
　～語で書きます。　　　　　～語で書きません。
　Rozumím ～ .　　　　　　　Nerozumím ～ .
　～語は分かります。　　　　～語は分かりません。

anglicky	英語
bulharsky	ブルガリア語
česky	チェコ語
čínsky	中国語
dánsky	デンマーク語
finsky	フィンランド語
francouzsky	フランス語
hebrejsky	ヘブライ語
chorvatsky	クロアチア語
italsky	イタリア語
japonsky	日本語
korejsky	韓国語
latinsky	ラテン語
maďarsky	ハンガリー語

makedonsky	マケドニア語
německy	ドイツ語
norsky	ノルウェー語
polsky	ポーランド語
portugalsky	ポルトガル語
rumunsky	ルーマニア語
rusky	ロシア語
řecky	ギリシア語
slovensky	スロヴァキア語
slovinsky	スロヴェニア語
srbsky	セルビア語
španělsky	スペイン語
švédsky	スウェーデン語
turecky	トルコ語
ukrajinsky	ウクライナ語
vietnamsky	ヴェトナム語

21 Učím se ～. Neučím se ～.
～語を勉強しています。～語を勉強していません。

angličtinu	(← angličtina)	英語
češtinu	(← čeština)	チェコ語
čínštinu	(← čínština)	中国語
francouzštinu	(← francouzština)	フランス語
italštinu	(← italština)	イタリア語
japonštinu	(← japonština)	日本語
korejštinu	(← korejština)	韓国語
maďarštinu	(← maďarština)	ハンガリー語
němčinu	(← němčina)	ドイツ語
polštinu	(← polština)	ポーランド語
portugalštinu	(← portugalština)	ポルトガル語
ruštinu	(← ruština)	ロシア語
řečtinu	(← řečtina)	ギリシア語
slovenštinu	(← slovenština)	スロヴァキア語
španělštinu	(← španělština)	スペイン語
ukrajinštinu	(← ukrajinština)	ウクライナ語
vietnamštinu	(← vietnamština)	ヴェトナム語

22 Rád (a)* 〜．

〜することが好きです。

se bavím	(← bavit se)	おしゃべりする
cestuju	(← cestovat)	旅行する
čtu knihy	(← číst)	読書する
se dívám na filmy	(← dívat se)	映画を見る
hraju šachy	(← hrát)	チェスをする
hraju tenis	(← hrát)	テニスをする
hraju na klavír	(← hrát)	ピアノを弾く
jím	(← jíst)	食べる
kouřím	(← kouřit)	タバコを吸う
lyžuju	(← lyžovat)	スキーをする
plavu	(← plavat)	泳ぐ
píšu dopisy	(← psát)	手紙を書く
poslouchám hudbu	(← poslouchat)	音楽を聴く
řídím	(← řídit)	ドライブする
tancuju	(← tancovat)	ダンスをする
zpívám	(← zpívat)	歌う

*男の人は Rád と、女の人は Ráda と言います。

第3部

語彙集

レストラン　Beskydy

方位　směry

東	východ [男]		東に	na	východě
西	západ [男]		西に	na	západě
南	jih [男]		南に	na	jihu
北	sever [男]		北に	na	severu

数詞

	基数詞	順序数詞
1	jeden, jedno, jedna	první
2	dva, dvě	druhý
3	tři	třetí
4	čtyři	čtvrtý
5	pět	pátý
6	šest	šestý
7	sedm	sedmý
8	osm	osmý
9	devět	devátý
10	deset	desátý
11	jedenáct	jedenáctý
12	dvanáct	dvanáctý
13	třináct	třináctý
14	čtrnáct	čtrnáctý
15	patnáct	patnáctý
16	šestnáct	šestnáctý
17	sedmnáct	sedmnáctý
18	osmnáct	osmnáctý
19	devatenáct	devatenáctý

20	dvacet	dvacátý
21	dvacet jedna	dvacátý první
	jedenadvacet	jedenadvacátý
22	dvacet dva	dvacátý druhý
	dvaadvacet	dvaadvacátý
30	třicet	třicátý
40	čtyřicet	čtyřicátý
50	padesát	padesátý
60	šedesát	šedesátý
70	sedmdesát	sedmdesátý
80	osmdesát	osmdesátý
90	devadesát	devadesátý
100	sto	stý
101	sto jedna	stý první
110	sto deset	stý desátý
200	dvě stě	dvoustý
300	tři sta	třístý
400	čtyři sta	čtyřstý
500	pět set	pětistý
600	šest set	šestistý
700	sedm set	sedmistý
800	osm set	osmistý
900	devět set	devítistý
1000	tisíc	tisící
2000	dva tisíce	dvoutisící
3000	tři tisíce	třítisící
4000	čtyři tisíce	čtyřtisící
5000	pět tisíc	pětitisící
1000000	milion	miliontý

凡　例

[男]　　　　男性名詞
[女]　　　　女性名詞
[中]　　　　中性名詞
[男複]　　　男性複数名詞
[女複]　　　女性複数名詞
[中複]　　　中性複数名詞
[代]　　　　代名詞
[形]　　　　形容詞
[数]　　　　数詞
[副]　　　　副詞
[前]　　　　前置詞
[接]　　　　接続詞
[挿]　　　　挿入句
[完]　　　　完了体動詞
[不完]　　　不完了体動詞
[不完・完]　両体動詞
／　　　　　同じ意味の名詞で男女のペアを表す

第3部　語彙集

あ

アイスクリーム		zmrzlina [女]
あいている	開いている	otevřeno [副]
あいている	空いている	volno [副], volný [形]
あう	会う	uvidět se [完]
あかワイン	赤ワイン	červené víno [中]
あける	開ける	otevírat [不完]
あし	足	noha [女]
あしくび	足首	kotník [男]
あす	明日	zítra [副]
あたえる	与える	dát [完]
あたま	頭	hlava [女]
あなたの		váš [代]
あに	兄	bratr [男]
あね	姉	sestra [女]
あまい	甘い	sladký [形]
アメリカ		Amerika [女]
〜人		Američan [男] ／ Američanka [女]
ありがとう		děkuji [挿]
どうも〜		děkuji mnohokrát [挿]
		děkuji vám [挿]
ある		být [不完]
アルコールいんりょう	アルコール飲料	alkoholický nápoj [男]
アルゼンチン		Argentina [女]
〜人		Argentinec [男] ／ Argentinka [女]

(127)

アレルギーの		alergický	[形]
あんせいにする	安静にする	být v klidu	[不完]
アンティーク		starožitnost	[女]
あんないじょ	案内所	informace	[女]

い

い	胃	žaludek	[男]
いいえ		ne	[挿]
いう	言う	říct	[形]
イギリス		Anglie	[女]
〜人		Angličan [男] ／ Angličanka	[女]
いく(乗り物で)	行く	jet	[不完]
いくつ		kolik	[数]
いくら		kolik	[数]
いざかや	居酒屋	hospoda	[女]
いしきふめい	意識不明	bezvědomí	[中]
いしつぶつ ほかんじょ	遺失物保管所	ztráty a nálezy	
いしゃ	医者	doktor[男]，lékař	[男]
イースター		Velikonoce	[女複]
いたむ	痛む	bolet	[不完]
イタリア		Itálie	[女]
〜語		italština	[女]
〜語で		italsky	[副]
〜人		Ital [男] ／ Italka	[女]
いちがつ	1月	leden	[男]
いちご		jahoda	[女]
いちば	市場	trh	[男]

第3部　語彙集

いっかい	1階	přízemí [中]
いとこ		bratranec [男] ／ sestřenice [女]
いみする	意味する	znamenat [不完]
いもうと	妹	sestra [女]
いりぐち	入り口	vchod [男]
いる		být [不完]
インゲンマメ		fazole [女]
インド		Indie [女]
〜人		Ind [男] ／ Indka [女]
インフルエンザ		chřipka [女]

う

うえで、うえに	上で、上に	nahoře [副]
(〜の)うえで、うえに	(〜の)上で、上に	na [前]
うえへ	上へ	nahoru [副]
(〜の)うえへ	(〜の)上へ	na [前]
ヴェトナム		Vietnam [男]
〜語		vietnamština [女]
〜語で		vietnamsky [副]
〜人		Vietnamec [男] ／ Vietnamka [女]
ウェルダンの		dobře udělaný [形]
ウクライナ		Ukrajina [女]
〜語		ukrajinština [女]
〜語で		ukrajinsky [副]
〜人		Ukrajinec [男] ／ Ukrajinka [女]
うごかす	動かす	hýbat [不完]

うごく(機械が)	動く	fungovat [不完]
うしなう	失う	ztratit [完]
うたう	歌う	zpívat [不完]
うまくいく		dařit se [不完]
うるさい		hlučný [形]
うん		jo [挿], no [挿]
うんえいする	運営する	pořádat [不完]
うんてん めんきょしょう	運転免許証	řidičák [男] (口語), řidičský průkaz [男]

え

えいが	映画	film [男]
えいぎょうちゅう	営業中	otevřeno [副]
えいご	英語	angličtina [女]
〜で		anglicky [副]
ええ		jo [挿], no [挿]
えき	駅	nádraží [中], stanice [女]
えはがき	絵葉書	pohlednice [女], pohled [男] (口語)
エレベーター		výtah [男]
えん	円	jen [男]
えんげき	演劇	divadlo [中]
えんしょう	炎症	zápal [男]
えんそうする	演奏する	hrát [不完]
えんそく	遠足	výlet [男]

第3部 語彙集

お

おい	甥	synovec [男]
おうふくきっぷ	往復切符	zpáteční jízdenka [女]
おかん	悪寒	zimnice [女]
おくる	送る	poslat [完]
おくれる	遅れる	mít zpoždění [不完]
おこる	起こる	stát se [完]
おさきにどうぞ。	お先にどうぞ。	Až po vás.
おじ		strýc [男]
おしゃべりする		bavit se [不完]
オーストラリア		Australie [女]
～人		Australan [男] ／ Australanka [女]
オーストリア		Rakousko [中]
～人		Rakušan [男] ／ Rakušanka [女]
おっと	夫	manžel [男], muž [男]
おとうと	弟	bratr [男]
おとこ	男	muž [男]
おなか		břicho [中]
おば		teta [女]
おはようございます		dobré ráno [挿]
オープンサンド		obložený chlebíček [男]
おやすみなさい		dobrou noc [挿]
およぐ	泳ぐ	plavat [不完]
おりる	降りる	vystoupit [完]
		vystupovat [不完]
オレンジ		pomeranč [男]

おんがく	音楽	hudba ［女］

か

かい	階	patro ［中］
かいかんじかん	開館時間	otvírací doba ［女］
かいしゃ	会社	firma ［女］
かいてんじかん	開店時間	otvírací doba ［女］
ガイド		průvodce ［男］
かいもの	買い物	nákup ［男］
かう	買う	koupit ［完］
かえる	代える	vyměnit ［完］
かがく	化学	chemie ［女］
かぎ	鍵	klíč ［男］
かきとめ　　じゅりょうしょう	書留受領証	podací lístek ［男］
かきとめで	書留で	doporučeně ［副］
かく	書く	psát ［不完］
がくぶ	学部	fakulta ［女］
がくわり	学割	studentská sleva ［女］
かし	（お）菓子	moučník ［男］
かじだ！	火事だ！	Hoří！ ［挿］
かた	肩	rameno ［中］
かたみちきっぷ	片道切符	jednosměrná jízdenka［女］ / jízdenka jedním směrem
がっこう	学校	škola ［女］
カナダ		Kanada ［女］
〜人		Kanaďan ［男］ ／ Kanaďanka ［女］
かね	（お）金	peníze ［男複］

第3部　語彙集

～をくずす		rozměnit [完]
ガーネット		granát [男]
かのじょの	彼女の	její [代]
かまいません。		Nic se nestalo.
		To je v pořádku.
		To nevadí.
かみ	紙	papír [男]
カメラ		fotoaparát [男]
かようび	火曜日	úterý [中]
～から		od ／ ode [前],
		z ／ ze [前]
ガラス		sklo [中]
かりる	借りる	půjčit [完]
ガレージ		garáž [女]
かれの	彼の	jeho [代]
かれらの	彼らの	jejich [代]
かんきょうもんだい	環境問題	ekologie [女]
かんけいしゃいがい	関係者以外	nepovolaným
たちいりきんし	立入禁止	vstup zakázán
かんこく	韓国	Jižní Korea [女]
～語		korejština [女]
～語で		korejsky [副]
～人		Korejec [男]／Korejka [女]
かんじょうしょ	勘定書	účet [男]
かんじる	感じる	cítit se [不完]
かんぱい！	乾杯！	Na zdraví！[挿]

き

ききんぞく	貴金属	klenot [男]

きく	聞く	poslouchat [不完]
きけん	危険	nebezpečí [中]
きつえんせき	喫煙席	kuřáci [男複]
きっさてん	喫茶店	kavárna [女]
きって	切手	známka [女]
きっぷ	切符	jízdenka [女], lístek [男]
きっぷうりば	切符売り場	pokladna [女]
きにいる	気に入る	líbit se [不完]
きのうする	機能する	fungovat [不完]
きのこ		houba [女]
きみたちの	君たちの	váš [代]
きみの	君の	tvůj [代]
きゃべつ		zelí [中]
きゅうきゅういりょう	救急医療	první pomoc [女]
きゅうきゅうしゃ	救急車	sanitka [女]
きゅうでん	宮殿	palác [男]
ぎゅうにく	牛肉	hovězí maso [中]
ぎゅうにゅう	牛乳	mléko [中]
きょう	今日	dnes [副]
きょういく	教育	výchova [女]
きょうかい	教会	kostel [男]
ギリシア		Řecko [中]
〜語		řečtina [女]
〜語で		řecky [副]
〜人		Řek [男] ／ Řekyně [女]
きんえん	禁煙	kouření zakázáno
きんえんせき	禁煙席	nekuřáci [男複]
ぎんこう	銀行	banka [女]
きんようび	金曜日	pátek [男]

く

くうこう	空港	letiště [中]
くがつ	9月	září [中]
くすり	薬	lék [男]
くだもの	果物	ovoce [中]
クネドリーキ		knedlík [男]
クーラー		klimatizace [女]
くらい	暗い	tmavý [形]
クリスタル 　カットガラス		broušené sklo [中]
クリスマス		Vánoce [女複]
グリーンサラダ		salát [男]
くるまを 　うんてんする	車を運転する	řídit [不完]
クレジットカード		kreditní karta [女]
クレープ		palačinka [女]
クレーム		stížnost [女]
クロアチア		Chorvatsko [中]
〜語で		chorvatsky [副]
〜人		Chorvat [男] ／ Chorvatka [女]

け

けいざい	経済	hospodářství [中]
けいさつ	警察	policie [女]
げいじゅつ	芸術	umění [中]

げかの	外科の	chirurgický ［形］
けがをしている		zraněný ［形］
ケーキ		dort ［男］
げきじょう	劇場	divadlo ［中］
けしょうしつ	化粧室	toaleta ［女］
げつようび	月曜日	pondělí ［中］
げり	下痢	průjem ［男］
げんき	元気?	Jak se máš?
お～で		Mějte se hezky!
お～ですか。		Jak se vám daří?
		Jak se máte?
けんきゅうじょ	研究所	ústav ［男］
げんきん	現金	hotovost ［女］
けんさつ	検札	revize jízdenek ［女］

こ

こい	鯉	kapr ［男］
コイン		mince ［女］
こうえん	公園	park ［男］
こうくうびんで	航空便で	letecky ［副］
こうしにく	子牛肉	telecí maso ［中］
こうじょう	工場	závod ［男］
こうせいぶっしつ	抗生物質	antibiotikum ［中］
こうつう	交通	doprava ［女］
ごがつ	五月	květen ［男］
こぎって	小切手	šek ［男］
ここに		tady ［副］, tu ［副］
ここへ		sem ［副］
こしょうちゅう	故障中	nefunguje

第3部　語彙集

こぜに	小銭	drobné ［男複］
こちらへ		sem ［副］
こっせつ	骨折	zlomenina ［女］
こづつみ	小包	balíček ［男］
こっとうひん	骨董品	starožitnost ［女］
コーヒー		káva ［女］
コルナ		koruna ［女］
コレクトコールで		na účet volaného
こんにちは		dobré odpoledne ［挿］
		dobrý den ［挿］
こんばんは		dobrý večer ［挿］

さ

ざいこいっそう	在庫一掃	totální výprodej ［男］
さいばんしょ	裁判所	soud ［男］
さいふ	財布	peněženka ［女］
サインする		podepsat ［完］
さかな	魚	ryba ［女］
さくらんぼ		třešně ［女］
さししめす	指し示す	ukázat ［完］
ざせきしていけん	座席指定券	místenka ［女］
サービス		služba ［女］
さまたげる	妨げる	vadit ［不完］
さむけ	寒気	zimnice ［女］
さようなら		na shledanou ［挿］
さわらないで 　ください	触らないでください	Nedotýkejte se!
さんがつ	3月	březen ［男］
さんかの	産科の	porodnický ［形］

し

じ	〜時	hodina [女]
しがいちず	市街地図	plán města [男]
しがつ	4月	duben [男]
じかんがかかる	時間がかかる	trvat [不完]
じかんどおり	時間どおり	přesně [副]
じき	磁器	porcelán [男]
じこ	事故	nehoda [女]
じこくひょう	時刻表	jízdní řád [男]
じこしょうめいしょ	事故証明書	potvrzení o nehodě [中]
しずかな	静かな	tichý [形]
したに	下に	dole [副]
したへ	下へ	dolů [副]
しちがつ	7月	červenec [男]
しでん	市電	tramvaj [女]
じてんしゃ	自転車	kolo [中]
じどうしゃ	自動車	auto [中]
じどうはんばいき	自動販売機	automat [男]
しないの	市内の	městský [形]
〜しなければならない		muset [不完]
しはらう	支払う	platit [不完]
		zaplatit [完]
しへい	紙幣	bankovka [女]
じむしょ	事務所	kancelář [女]
しめる	閉める	zavírat [不完]
じゃあね！		Ahoj! [挿]、Čau! [挿]
じゃがいも		brambor [男]
しゃしんをとる	写真を撮る	fotografovat [不完]

第3部 語彙集

シャワー		sprcha [女]
しゅう	週	týden [男]
じゅういちがつ	11月	listopad [男]
じゅうがつ	10月	říjen [男]
しゅうどういん	修道院	klášter [男]
じゅうにがつ	12月	prosinec [男]
しゅくはくしせつ	宿泊施設	ubytovna [女]
しゅっぱつ	出発	odjezd [男]
しゅっぱつする	出発する	odjíždět [不完]
ショーウィンドー		výloha [女]
しょうしょう おまちください	少々お待ち下さい	Počkejte chvíli! moment [男], okamžik [男]
しょうたい	招待	pozvání [中]
しようちゅう	使用中	obsazeno [副]
しょうてんがい	商店街	obchodní čtvrť [女]
しょうぼう	消防	hasiči [男複]
しょうめいしょ	証明書	potvrzení [中]
しょくぶつえん	植物園	botanická zahrada [女]
しょくよく	食欲	chuť [女]
しろ	城	hrad [男], zámek [男]
しろワイン	白ワイン	bílé víno [中]
シングルルーム		jednolůžkový pokoj [男]
しんし	紳士	páni [男複]
しんだんしょ	診断書	lékařská zpráva [女]
しんねん	新年	Nový rok [男]

す

スイス		Švýcarsko [中]

～人		Švýcar［男］／Švýcarka［女］
すいようび	水曜日	středa［女］
スウェーデン		Švédsko［中］
～語で		švédsky［副］
～人		Švéd［男］／Švédka［女］
すうがく	数学	matematika［女］
スキーをする		lyžovat［不完］
すごく		moc［副］
すすめる	薦める	doporučovat［不完］
スーパーマーケット		samoobsluha［女］
スープ		polévka［女］
スペイン		Španělsko［中］
～語		španělština［女］
～語で		španělsky［副］
～人		Španěl［男］／Španělka［女］
すみません。（通してください）		S dovolením.
すみません（質問するとき）		promiňte［挿］
する（スポーツを）		hrát［不完］
スロヴァキア		Slovensko［中］
～語		slovenština［女］
～語で		slovensky［副］
～人		Slovák［男］／Slovenka［女］
スロヴェニア		Slovinsko［中］
～語で		slovinsky［副］
～人		Slovinec［男］／Slovinka［女］

せ

ぜいかん	税関	celnice [女]
せいじ	政治	politika [女]
せき	咳	kašel [男]
セクレタリーサービス		sekretářské služby [女複]
せなか	背中	záda [中複]
セーフティーボックス		sejf [男]
セルビア		Srbsko [中]
〜語で		srbsky [副]
〜人		Srb [男] ／ Srbka [女]
セルフサービス		samoobsluha [女]
ぜんかいする	全快する	uzdravit se [完]
ぜんさい	前菜	předkrm [男]
せんぷうき	扇風機	větrák [男]

そ

そくたつで	速達で	expres [副]
そこに		tam [副]
そこへ		tam [副]
そしきする	組織する	pořádat [不完]
そとに	外に	venku [副]
その		ten [代]
そふ	祖父	dědeček [男]
ソフトドリンク		nealkoholický nápoj [男]
そぼ	祖母	babička [女]
それの		jeho [代], její [代]

それらの		jejich ［代］
そろそろ		pomalu ［副］

た

だいがく	大学	univerzita ［女］
たいざい	滞在	pobyt ［男］
たいざいする	滞在する	zůstat ［完］
たいしかん	大使館	velvyslanectví ［中］
たいへん	大変	moc ［副］
たかい（値段が）	高い	drahý ［形］
タクシー		taxík ［男］, taxi ［中］
たすけて！	助けて！	Pomoc！［挿］
たすける	助ける	pomoct ［完］
たちいりきんし	立入禁止	vstup zakázán
たばこをすう	タバコを吸う	kouřit ［不完］
たべもの	食べ物	jídlo ［中］
たべる	食べる	jíst ［不完］
だぼく	打撲	pohmožděnina ［女］
（〜の）ための		na ［前］, pro ［前］
だれ	誰	kdo ［代］
ダンスをする		tancovat ［不完］

ち

ちいさい	小さい	malý ［形］
チェコ		Čechy ［女複］
〜語		čeština ［女］
〜語で		česky ［副］

第 3 部 語彙集

〜人		Čech [男] ／ Češka [女]
チェコきょうわこく	チェコ共和国	Česká republika [女]
チェス		šachy [男複]
チェックアウトする		odhlásit [完]
ちかい	地階	suterén [男]
ちがう	違う	jiný [形]
ちかくに	近くに	blízko [副]
ちかてつ	地下鉄	metro [中]
ちかどう	地下道	podchod [男]
チケットうりば	チケット売り場	pokladna [女]
ちず	地図	mapa [女]
ちち	父	otec [男]
チップ		spropitné [中]
ちゃ	（お）茶	čaj [男]
ちゅうい	注意	pozor [男]
ちゅういぶかい	注意深い	opatrný [形]
ちゅうごく	中国	Čína [女]
〜語		čínština [女]
〜語で		čínsky [副]
〜人		Číňan [男] ／ Číňanka [女]
ちゅうしゃ	注射	injekce [女]
ちゅうしゃじょう	駐車場	parkoviště [中]
ちゅうしょく	昼食	oběd [男]
ちゅうしん	中心	centrum [中]
ちゅうもんする	注文する	dát si [完], objednat [完]
ちょうしょく	朝食	snídaně [女]
ちをながす	血を流す	krvácet [不完]

つ

(～に) ついて		o [前]
ツインルーム		dvoulůžkový pokoj [男]
つうやく	通訳	tlumočník [男]
つぎの	次の	příští [形]
つけあわせ	付け合わせ	příloha [女]
つたえる	伝える	vyřídit [完]
ご家族によろしくお～え下さい。		vyřiďte pozdravy rodině
つづける	続ける	pokračovat [不完]
つつむ	包む	zabalit [完]
ツーリストオフィス		turistické informace [女複]

て

て	手	ruka [女]
～で		na [前], v [前]
である		být [不完]
ていえん	庭園	zahrada [女]
ていきゅうび	定休日	zavírací den [男]
ていりゅうじょ	停留所	zastávka [女]
てがみ	手紙	dopis [男]
できる		moct [不完]
でぐち	出口	východ [男]
てさげぶくろ	手提げ袋	taška [女]
デザート		zákusek [男]

てすうりょう	手数料	provize [女]
てつけきん	手付金	záloha [女]
てつだう	手伝う	pomoct [完]
テニス		tenis [男]
テーブル		stůl [男]
テレビ		televize [女]
テレホンカード		telefonní karta [女]
でんごん	伝言	vzkaz [男]
デンマーク		Dánsko [中]
〜語で		dánsky [副]
〜人		Dán [男] / Dánka [女]
でんわ	電話	telefon [男]
でんわちょう	電話帳	telefonní seznam [男]
でんわばんごう	電話番号	telefonní číslo [中]
でんわボックス	電話ボックス	telefonní budka [女]
でんわをかける	電話をかける	volat [不完], zavolat [完] zatelefonovat [完]

と

ドア		dveře [女複]
ドイツ		Německo [中]
〜語		němčina [女]
〜語で		německy [副]
〜人		Němec [男] / Němka [女]
トイレ		WC, toalety [女複] záchod [男]
どういたしまして		není zač, prosím [挿]

どうぞ(召し上がれ)		dobrou chuť [挿]
とうちゃく	到着	příjezd [男]
とうちゃくする	到着する	dostat se [完]
とうなん 　しょうめいしょ	盗難証明書	potvrzení o odcizení [中]
どうやって		jak [副]
とおくに	遠くに	daleko [副]
どこで、どこに		kde [副]
どこへ		kam [副]
とし	年	rok [男]
としょかん	図書館	knihovna [女]
とほで	徒歩で	pěšky [副]
とまる	止まる	zastavit [完]
どようび	土曜日	sobota [女]
トラベラーズチェック		cestovní šek [男]
とる	取る	brát [不完], vzít [完]
ドル		dolar [男]
トルコ		Turecko [中]
～語で		turecky [副]
～人		Turek [男] ／ Turkyně [女]
どろぼう！		Zloděj！ [挿]

な

ないかの	内科の	interní [形]
ないせん	内線	linka [女]
(～の)なかで、なかに	(～の)中で、中に	v [前]
(～の)なかへ	(～の)中へ	do [前]
なくす		ztratit [完]

なし	梨	hruška [女]
なぜ		proč [副]
なに	何	co [代]
なにか		něco [代]
なまえ	名前	jméno [中]
お～はなんと 　おっしゃいますか。		Jak se jmenujete?
私は…と言います。		Jmenuji se....
なんですって	何ですって	
（聞き取れなかったとき）		Prosím? [挿]
なんらかの	何らかの	nějaký [形]

に

にがい	苦い	hořký [形]
にがつ	2月	únor [男]
にく	肉	maso [中]
にた	煮た	vařený [形]
にちようび	日曜日	neděle [女]
にほん	日本	Japonsko [中]
～語		japonština [女]
～語で		japonsky [副]
～人		Japonec [男]／ Japonka [女]
にもつ	荷物	zavazadlo [中]
にもつあずかりじょ	荷物預かり所	úschovna zavazadel [女]
にゅういんする	入院する	nastoupit do nemocnice [完]
にゅうじょうけん	入場券	vstupenka [女]
にんぎょう	人形	panenka [女]

にんじん	ニンジン	mrkev [女]

ぬ

ぬすむ	盗む	ukrást [完]

ね

ねだん	値段	cena [女]
ねだんがする	値段がする	stát [不完]
ねつ	熱	horečka [女], teplota [女]

の

のうぎょう	農業	zemědělství [中]
のこる	残る	zůstat [完]
のぞむ	望む	přát si [不完]
のちほどあいましょう。		Uvidíme se později.
のど		krk [男]
〜のままにしておく		nechat [不完]
のみみず	飲み水	pitná voda [女]
のみもの	飲み物	nápoj [男]
のりかえ	乗り換え	přestup [男]
のりかえる	乗り換える	přestoupit [完]
ノルウェー		Norsko [中]
〜語で		norsky [副]
〜人		Nor [男] ／ Norka [女]

は

は	歯	zub [男]
はい		ano [挿]
はいえん	肺炎	zápal plic [男]
バイク		motorka [女]
はいたつする	配達する	doručit [完]
はかる	計る	změřit [完]
はく	吐く	zvracet [完]
はくぶつかん	博物館	muzeum [中]
はこびさる	運び去る	odnést [完]
はじめまして。		Těší mě.
バス		autobus [男]
パスポート		pas [男]
バスルーム		koupelna [女]
はちがつ	8月	srpen [男]
ばっきん	罰金	pokuta [女]
はなす	話す	mluvit [不完]
はなみず	鼻水	rýma [女]
はは	母	matka [女]
パフェ		pohár [男]
ハム		šunka [女]
はらう	払う	zaplatit [完]
ハンガリー		Maďarsko [中]
〜語		maďarština [女]
〜語で		maďarsky [副]
〜人		Maďar [男] ／ Maďarka [女]
はんぶん	半分	půl [数]

ひ

ひ	日	den [男]
ピアノ		klavír [男]
ひく	引く	sem [副]
ひこうき	飛行機	letadlo [中]
ひざ		koleno [中]
ひじ		loket [女]
びじゅつかん	美術館	galerie [女]
ひだりで、ひだりに	左で、左に	vlevo [副]
ひだりへ	左へ	doleva [副]
ひつじにく	羊肉	skopové maso [中]
ひつようとする	必要とする	potřebovat [不完]
ひなどり	ひな鳥	kuře [中]
ひまな	暇な	volný [形]
びょういん	病院	nemocnice [女]
びょうき	病気	nemoc [女]
ビール		pivo [中]
ひろば	広場	náměstí [中]
びんせん	便箋	dopisní papír [男]

ふ

ファックス		fax [男]
フィンランド		Finsko [中]
〜語で		finsky [副]
〜人		Fin [男] ／ Finka [女]
ふうとう	封筒	obálka [女]

第3部　語彙集

ふくむ	含む	zahrnout [完]
ふくようする	服用する	brát [不完]
ふくろ	袋	sáček [男]
ふさがっている		obsazeno [副]
ふじん	婦人	dáma [女], paní [女], žena [女]
ふじんかの	婦人科の	gynekologický [形]
ぶたにく	豚肉	vepřové maso [中]
ふだん	普段	obyčejně [副]
ふなびんで	船便で	lodí [副], obyčejně [副]
ふね	船	loď [女]
フライにした		smažený [形]
ブラジル		Brazílie [女]
～人		Brazilec [男] / Brazilka [女]
プラットホーム		nástupiště [中]
プラム		švestka [女]
プラムブランデー		slivovice [女]
フランス		Francie [女]
～語		francouzština [女]
～語で		francouzsky [副]
～人		Francouz [男] / Francouzka [女]
ブランボラーク（ポテトパンケーキ）		bramborák [男]
ブルガリア		Bulharsko [中]
～語で		bulharsky [副]
～人		Bulhar [男] / Bulharka [女]
フルーツジュース		ovocná šťáva [女]
ふん	分	minuta [女]
ぶんか	文化	kultura [女]

(151)

ぶんがく	文学	literatura [女]

へ

へいてん	閉店	zavřeno [副]
べつの	別の	jiný [形]
ペニシリン		penicilín [男]
ヘブライごで	ヘブライ語で	hebrejsky [副]
ベヘロフカ		Becherovka [女]
へや	部屋	pokoj [男]
ペンション		penzion [男]
へんとうせんえん	扁桃腺炎	angína [女]
べんぴ	便秘	zácpa [女]

ほ

ほうもん	訪問	návštěva [女]
ほかんする	保管する	uschovat [完]
ほけん	保険	pojištění [中]
ほけんがいしゃ	保険会社	pojišťovna [女]
ほしい	欲しい	chtít [不完]
ホテル		hotel [男]
ポーランド		Polsko [中]
〜語		polština [女]
〜語で		polsky [副]
〜人		Polák [男] ／ Polka [女]
ポルトガル		Portugalsko [中]
〜語		portugalština [女]
〜語で		portugalsky [副]

日本語	漢字	チェコ語
～人		Portugalec [男] / Portugalka [女]
ほんや	本屋	knihkupectví [中]

ま

日本語	漢字	チェコ語
マケドニア		Makedonie [女]
～語で		makedonsky [副]
～人		Makedonec [男] / Makedonka [女]
まご	孫	vnuk [男] / vnučka [女]
ます	鱒	pstruh [男]
まちあいしつ	待合室	čekárna [女]
まちがい		omyl [男]
マッシュポテト		bramborová kaše [女]
まっすぐ		rovně [副]
まなぶ	学ぶ	učit se [不完]

み

日本語	漢字	チェコ語
みぎで、みぎに	右で、右に	vpravo [副]
みぎへ	右へ	doprava [副]
みず	水	voda [女]
みせ	店	obchod [男]
みつける	見つける	najít [完]
ミディアムの		středně udělaný [形]
ミネラルウォーター		minerálka [女]
みみ	耳	ucho [中]
みやげ	（お）土産	suvenýr [男]

みる	見る	dívat se ［不完］
		podívat se ［完］

む

むかいに	向かいに	naproti ［副］
むすこ	息子	syn ［男］
むすめ	娘	dcera ［女］

め

め	目	oko ［中］
めい	姪	neteř ［女］
メインディッシュ		hlavní jídlo ［中］
メキシコ		Mexiko ［中］
〜人		Mexičan ［男］／
		Mexičanka ［女］
メッセージ		vzkaz ［男］
メニュー		jídelní lístek ［男］
めまい		závrat' ［女］

も

もう		už ［副］
もういちど	もう1度	znovu ［副］
もくようび	木曜日	čtvrtek ［男］
もちさる	持ち去る	odnést ［完］
もつ	持つ	mít ［不完］

第3部　語彙集

もってくる		přinést [完]
もの	物	věc [女]
もも	桃	broskev [女]
もんだい	問題	problém [男]

や

やあ！		Ahoj! [挿]，Čau! [挿]
やいた	焼いた	pečený [形]
やくしょ	役所	úřad [男]
やけど		popálenina [女]
やけどしている		popálený [形]
やさい	野菜	zelenina [女]
やすい	安い	laciný [形]
やせいどうぶつのにく	野生動物の肉	zvěřina [女]
やっきょく	薬局	lékárna [女]
やってくる	やって来る	přijít [完]

ゆ

ゆ	（お）湯	horká voda [女]
		teplá voda [女]
ゆうしょく	夕食	večeře [女]
ゆうびんきょく	郵便局	pošta [女]
ゆうびんポスト	郵便ポスト	poštovní schránka [女]
ユダヤじん	ユダヤ人	Žid [男]／Židovka [女]
ゆっくりと		pomalu [副]

よ

ようし	用紙	formulář ［男］
よくしつ	浴室	koupelna ［女］
よぶ	呼ぶ	volat ［不完］
よみとおす	読み通す	přečíst ［完］
よむ	読む	číst ［不完］
よやく	予約	rezervace ［女］
よやくする	予約する	rezervovat ［不完・完］
		zamluvit ［完］
よりおおきい	より大きい	větší ［形］
よりちいさい		menší ［形］
よりよい		lepší ［形］
よる	夜	noc ［女］
よろこんで		S radostí.
よんぶんのいち	4分の1（時間）	čtvrt ［女］

ら

ラジオ		rádio ［中］
ラテンごで	ラテン語で	latinsky ［副］

り

りかいする	理解する	rozumět ［不完］
りょうがえじょ	両替所	směnárna ［女］
りょうがえする	両替する	vyměnit ［完］

りょうしゅうしょ	領収書	účtenka [女]
りょうり	料理	jídlo [中]
りょこう	旅行	cestování [中]
りょこうする	旅行する	cestovat [不完]
りんご		jablko [中]

る

ルーマニア		Rumunsko [中]
〜語で		rumunsky [副]
〜人		Rumun [男] ／ Rumunka [女]
ルームナンバー		číslo pokoje [中]
ルームメイド		pokojská [女]

れ

レアの		lehce udělaný [形]
れきし	歴史	dějiny [女複]
レジ		pokladna [女]
レース		krajka [女]
レストラン		restaurace [女]
レタス		hlávkový salát [男]
れっしゃ	列車	vlak [男]
レート		kurz [男]

ろ

ろくがつ	六月	červen [男]
ロシア		Rusko [中]
〜語		ruština [女]
〜語で		rusky [副]
〜人		Rus [男] ／ Ruska [女]
ろせん	路線	trasa [女]
ろせんず	路線図	dopravní schéma [中]

わ

ワイン		víno [中]
わかる	分かる	rozumět [不完]
わきばら		bok [男]
わたしたちの	私たちの	náš [代]
わたしの	私の	můj [代]
わりびき	割り引き	sleva [女]
わるい	悪い	špatný [形]

目録進呈／落丁本・乱丁本はお取替えいたします。

平成12年2月28日　　　Ⓒ第1版発行

編　者	金指 久美子（かなざし くみこ）
発行者	佐藤　政人

発行所

株式会社　**大学書林**

東京都文京区小石川4丁目7番4号
振替口座　00120-8-43740
電話（03）3812-6281〜3番
郵便番号　112-0002

チェコ語会話練習帳

ISBN4-475-01303-8　　　　　大文社・文章堂製本

大学書林
語学参考書

編著者	書名	判型	頁数
金指久美子編	チェコ語基礎1500語	新書判	200頁
石川達夫著	チェコ語初級	A5判	400頁
石川達夫著	チェコ語中級	A5判	176頁
岡野　裕編	チェコ語常用6000語	B小型	640頁
黒田龍之助編	ベラルーシ語基礎1500語	新書判	184頁
黒田龍之助編	ウクライナ語基礎1500語	新書判	192頁
中井和夫著	ウクライナ語入門	A5判	224頁
小原雅俊編	ポーランド語会話練習帳	新書判	160頁
小原雅俊編	ポーランド語基礎1500語	新書判	192頁
山崎　洋／田中一生編	セルビア・クロアチア語基礎1500語	新書判	128頁
山崎　洋／田中一生編	セルビア・クロアチア語会話練習帳	新書判	208頁
中島由美／田中一生編	マケドニア語会話練習帳	新書判	176頁
中島由美編	マケドニア語基礎1500語	新書判	152頁
山崎　洋／田中一生編	スロベニア語会話練習帳	新書判	168頁
山崎佳代子編	スロベニア語基礎1500語	新書判	160頁
長與　進編	スロヴァキア語会話練習帳	新書判	216頁
三谷恵子著	クロアチア語ハンドブック	A5判	280頁
三谷恵子編	クロアチア語常用6000語	A5判	384頁

―目録進呈―